1   Ernährung bei chronischer Niereninsuffizienz

Diese Empfehlungen bitte immer mit Ernährungsberater/in, Arzt oder Diätologen/in absprechen! Die Rezepte und Zutatenlisten unterstützen die medizinischen Therapien.

Die Kalorienangaben frischer Zutaten (Obst und Gemüse) und die Inhaltsstoffe schwanken je nach Qualität und Erntezeit. Die Inhalte wurden von einer Diätologin und einer Ernährungsberaterin für die Traditionelle Chinesische Medizin (TCM) geprüft.

Autor:

©2022 Josef Miligui

Liebe Leserinnen und Leser, ich wünsche Ihnen viel Erfolg und gutes Gelingen bei der Umstellung Ihrer Ernährung. Dieses Buch wurde aus eigener Erfahrung mit Krankheit und Ernährung geschrieben und ich habe schon immer das Zubereiten guter Speisen geschätzt. Wenn Sie nicht so geübt sind im Kochen, empfiehlt sich ein Kurs bei Ernährungsberatern oder Diätologen, die Ihnen die Grundlagen der Kochmethoden sowie die richtige Verarbeitung der Zutaten vermitteln können. Anhand der Lebensmittellisten aus diesem Buch können Sie weitere Rezepte entwickeln und entdecken.

Quelle:

Die Listen werden aus der EBNS-Datenbank für die Ernährungsberatung generiert. Die Datenbank wird von Ernährungsberater, Therapeuten und Ärzte für die Beratung der Patienten/Klienten verwendet und ermöglicht eine Kombination mehrerer Syndrome.

Literaturliste:

Wir haben die Unterlagen als Wissensbasis genutzt und an unsere Erfahrungen angepasst und ergänzt.

www.ebns.at

AF211531

Herstellung und Verlag:

BoD – Books on Demand, Norderstedt

ISBN: 9783837020663

DIÄTETIK - Eiweiß und Elektrolyt - Nieren - Chronische Niereninsuffizienz

(Buch: 011)

1.1   Vorwort

Die Weltgesundheitsorganisation (WHO) davon spricht, dass bis zu 80% der Erkrankungen durch äußere Faktoren wie Ernährung, Lebensstil, Umweltgifte und dergleichen beeinflusst werden.

Welche Faktoren also jeder einzelne von uns aktiv beeinflussen kann und somit seine Chancen auf Erhöhung der allgemein Gesundheit erzielen kann, darum geht es auf den folgenden Seiten.

Der Fokus in diesem Buch liegt auf dem Faktor mit der größten Hebelwirkung - der Ernährung.
Schon Hippokrates hat einst gesagt "Lass die Nahrung deine Medizin sein und Medizin deine Nahrung!" Kräuterpädagog:innen heute sagen so: "Es gibt für jede Krankheit das richtige Kraut."

Egal wie wir es drehen und wenden, wir sind was wir essen (und was unser Essen gegessen hat). Der moderne Mensch sieht sich gerne isoliert von seiner Umwelt. Wir entstehen aus unserer Umwelt, wir leben inmitten von ihr und wenn wir sterben gehen wir wieder in unsere Umwelt über. Während wir leben essen wir das, was in unserer Umwelt wächst (oder in Fabriken chemisch erzeugt wird). Diese Nahrung liefert die Energie und Bausteine, für den eigenen Körper, für den Stoffwechsel, Zellerneuerung, den Hormonhaushalt und damit für unser gesamtes Sein, die Gesundheit und unser Empfinden.

Hier ein paar Grundbausteine, bevor in dem Buch noch näher auf Ernährungsfaktoren eingegangen wird, die sozusagen der kleinste gemeinsame Nenner der meisten Ernährungsphilosophien sind:

- Saisonalität
  - Winterpflanzen, wie zum Beispiel verschiedene Kohlgewächse, versorgen uns mit Unmengen von Vitamin C und Bitterstoffen. Zwei Faktoren, die unser Immunsystem bei der Abwehr von der Kälte und den typischen Infekten in der Winterzeit unterstützen.
  - Sommerpflanzen wie zum Beispiel Gurken, Tomaten aber auch Zitrusfrüchte kühlen unseren aufgeheizten Körper und versorgen uns mit viel Wasser.
  - Außerdem müssen bei saisonalen Pflanzen weniger chemische Helferlein eingesetzt werden, da die passenden Umweltfaktoren das Wachstum sowieso fördern.
- Regionalität
  - Damit einher geht auch der Faktor der Regionalität. Regionale pflanzliche Lebensmittel werden reif geerntet und haben somit alle Nährstoffe entwickeln können. Im Gegensatz dazu wird Obst und Gemüse aus ferneren Ländern unreif geerntet und nur durch den Einsatz von chemischen Mitteln unnatürlich "nachgereift" - bzw. nur nach-gefärbt. Die Dichte der Nährstoffe und auch der Geschmack kann dabei niemals mit regionalen Lebensmitteln mithalten. (Sie haben es vielleicht schon selber erlebt, dass eine Südfrucht aus dem jeweiligen Ursprungsland dort im Urlaub viel süßer und vollmundiger schmeckt als die gleiche Frucht aus dem zentraleuropäischen Supermarkt).

- Pflanzenbasierte Ernährung
  - Ja, diese Basis teilen selbst die Anhänger der Fleischdiät mit den Veganern. Denn bei der Fleischdiät

geht es auch um Fleisch von Tieren, die sich artgerecht, sprich von vielen Gräsern und Kräutern ernährt haben. Die Masse an Getreide in der heutigen Ernährung - egal ob bei Mensch oder Tier - entspricht nicht der natürlichen Ernährungsweise. Sie macht uns krank, dick und manche behaupten sogar dumm (das weist auf die Schädigung der neuronalen Netzwerke hin, die durch den Konsum von Kohlenhydraten passiert hin). Pflanzen im Sinne von Gemüse, Kräutern, Salaten, Sprossen, in geringen Mengen Obst, Nüsse, Samen, etc. liefern neben den viel beschriebenen Vitaminen und Mineralstoffen vor allem sekundäre Pflanzenstoffe, die herausragende Heilwirkung haben. So werden eine Vielzahl unserer Medikamente auf Basis der natürlich vorkommenden Pflanzenstoffe nachgebaut. Allerdings sind da diverse Säuren und andere Wirkstoffe extrahiert und wirken nur alleine - mit den Pflanzen selbst nehmen wir sie in einer reichhaltigen und sich gegenseitig verstärkenden Kombination vielerlei wirksamer Stoffe zu uns.

Ja zusätzlich zu diesen 3 großen Punkten gibt es immer noch sehr viel zu beachten. Ein optimales Verhältnis von Omega 3 zu Omega 6 Fettsäuren (empfohlen wird 1:3), eine individuell und situationsbedingte Eiweißversorgung und so weiter.

Eine ganz gute und einfache Richtlinie für die alltägliche Ernährung bietet der ideale Teller. Der sieht so aus, dass möglichst jede Mahlzeit zur Hälfte aus pflanzlichen Bestandteilen besteht, ein Viertel der Eiweißversorgung dient und ein Viertel die Mahlzeit durch gute Fette und eventuell Kohlenhydrate abrundet.

Die Feinjustierung rund um die Zubereitungsarten, die Zusammenstellungen und so weiter sehe ich als sehr individuell an. Es gibt meines Erachtens nicht die 1 perfekte Ernährung. Es gibt so viele großartige Philosophien und Studien, die alle wunderbare Heilungen berichten und sich dabei aber gegenseitig ausschließen. Was auf den ersten Blick vielleicht paradox wirkt, eröffnet bei näherer Betrachtung ganz viele Möglichkeiten des Probierens und neuer Chancen.

Neben der Ernährung werden noch folgende Faktoren genannt:
- die Giftstoffbelastung in unserer Umwelt sowie in Pflegeprodukten oder eben in der Ernährung

- eine Balance aus Aktivität, (kurzzeitigem) Stress und der Entspannung wie auch Schlaf
- Aufarbeitung der emotionalen Wunden aus der Vergangenheit und Steigerung der Resilienz
- Biologische Zahnheilkunde
- eine optimierte Versorgung durch Heilkräuter, Heilpilze udgl.
- Früherkennung durch bewährte und schonende Verfahren

1.2   Beschreibung

Fortschreitender Untergang von Nierengewebe - die Folge ist ein Anstieg harnpflichtiger Substanzen im Blut (Harnstoff, Harnsäure und Kreatinin).
Als chronische Niereninsuffizienz wird eine über längere Zeit bestehende, meist irreversible Einschränkung der Nierenfunktion bezeichnet, die meistens zu einem endgültigen Nierenversagen mit Urämie führt. Die Filtrationsfunktion der Nieren ist bei diesem Krankheitsbild stark gestört.

1.3   Therapiestrategie

Eiweißnormierte Kost (0,8 g pro kg) unter besonderer Berücksichtigung der biologischen Wertigkeit und der ausreichenden Energiezufuhr; natrium-, phosphat- und kaliumarme Getränke und Lebensmittel bevorzugen.
Das verzehrte Eiweiß sollte eine hohe biologische Wertigkeit besitzen, welche der Körper nicht selbst produzieren kann (essenzielle Aminosäuren). Die Kombination verschiedener Proteinquellen sichert die Versorgung mit allen wichtigen Verbindungen. Ideale Proteingemische sind zum Beispiel Kartoffel und Ei, Bohnen und Ei, Milch und Weizen, Ei und Weizen sowie Hülsenfrüchte und Weizen. Empfohlen wird auch der Verzehr von eiweißarmen Spezialprodukten wie eiweißarmem Mehl und daraus hergestellten Produkten (Brot, Gebäck).
Die tägliche Trinkmenge richtet sich nach der Urinausscheidung innerhalb von 24 Stunden. So viel Flüssigkeit, wie Sie ausscheiden, sollten Sie dem Körper auch wieder zuführen - plus etwa einen halben Liter zusätzlich pro Tag. Bedenken Sie dabei jedoch, dass Sie einen Teil des Flüssigkeitsbedarfs auch über die Nahrung abdecken.

1.4 Vermeiden

Natrium-, kalium- und phosphorreiche Speisen und Getränke.
Biologisch wenig hochwertiges Eiweiß.
Auf den Zutatenlisten von Lebensmitteln können Sie Phosphatzusätze
an den E-Nummern E 338 bis E 341, E 450 a bis c, E 540, E 543 und E
544 erkennen.

---

2 Speiseplan

Kkal. p. Portion

2.1 Frühstück

Aprikosen-Preiselbeer-Eis	106,6
Avocado mit Zitrone	289,6
Birnensaft	180,0
Champignonreis	410,0
Dicke Erbsensuppe für den Winter	123,6
Erfrischende Gurkensuppe mit Kartoffeln	148,3
Fenchel-Reissuppe	155,9
Gekochter Selleriesalat mit exotischen Gewürzen	165,1
Gemüse-Grieß-Suppe	198,9
Gemüse-Miso-Suppe mit Tofu	107,0
Gemüsereis	303,8
Geriebener Apfel	120,0
Geröstete Hirse mit Pflaumenkompott	139,3
Grießsuppe mit Gemüse	105,5
Gurkensuppe	95,7
Hafer-Congee	162,1
Haferflockensuppe mit Frühlingszwiebeln und Karotten	134,8
Herzhafter Polentabrei	262,0
Karotten- Reisschleimsuppe	101,0
Karotten-Risotto	308,5
Kartoffeln mit Löwenzahnsalat	162,1
Kohlrabi in Kerbelsoße mit Kartoffeln	187,7
Kokos Limetten Kuchen	876,3
Obstsaftgetränk	175,5
Pikante Tofu-Gemüse-Pfanne	241,4
Polenta mit Pfirsich	197,2
Reis mit Pastinake	206,5

2.2 Jause

2.3 Mittag

2.4 Nachmittag

2.5 Abend

3 Rezepte

empfehlenswert = Sie können mehr verwenden
wenig = wenn möglich weniger verwenden
weniger als angegeben = möglichst nicht verwenden

3.1 Antipasti

Fördert Durchblutung, lindert Entzündungen und Schmerzen, harntreibend, senkt Blutdruck, antioxidativ, antibakteriell, regt Kreislauf an. Hilft bei: Appetitlosigkeit, Magen- und Verdauungsschwäche, Blähungen.

Anzahl Portionen: 3
Kalorien p. Portion 100
Gramm p. Portion 246,83
Kochdauer ca. 40 min.
(Kohlehydrat:53,79% / Eiweiß & Fett:46,21%)
100g. ≈: Kohlehydrat 3,9g. BE 0,3 Eiweiß 1,1g. Fette 2,3
Portion: ≈ Kohlehydrat 9,7g. BE 0,8 Eiweiß 2,7g. Fette 5,6.
µg. - Ph:7,93 Na:1,08 Ka:67,5 Mg:5,14 Ca:7,21 Fe:0,24 Zn:0,03 Col.:0 Hsr.:5,8

Zutaten:
Peperoni 1 Stück / 5g. (ja)
Zitrone Saft 1 EL / 10g. (ja)
Aubergine 1 Stück / 300g. (ja)
Tomate 4 Stück / 200g. (ja)
Zucchini 200 g. / 200g. (ja)
Zitrone Schale 1/2 Stück / 3g. (ja)
Olivenöl 1 EL / 15g. (ja)
Basilikum (frisch) 8 Blätter / 5g. (ja)
Salz 1 Prise / 0,5g. (wenig)
Koriander 1/2 TL / 2g. (ja)

Kochanleitung:
Peperoni im Ofen bei 250 Grad backen, bis die Schale dunkel wird (ca. 20 Min.). Die Peperoni abdecken und auskühlen lassen, häuten und in ca. 2 cm breite Streifen schneiden. Tomaten halbieren und gemeinsam mit den in Scheiben geschnittenen Auberginen mit Öl bestreichen und im Ofen bei 200 Grad goldbraun backen (ca. 10 Min.).
Zucchinischeiben in Grillpfanne (ohne Fett) anbraten. Alles zusammen anrichten, die Marinade aus Olivenöl, Salz und Zitronenschale mischen und über das Gemüse gießen. Mit Koriander bestreuen und 1 Std. ziehen lassen.

3.2 Apfel-Sellerie-Suppe mit geröstetem Fenchel

Senkt Blutdruck, stärkt Immunsystem und Magen, löst Stagnation, ist mineralstoff- und vitaminreich, lindert Verstopfung, hat stoffwechselfördernde und entwässernde Heilwirkung.

Anzahl Portionen: 5
Kalorien p. Portion 191
Gramm p. Portion 299,12
Kochdauer ca. 1 Stunde
Allergene: L
(Kohlehydrat:64,84% / Eiweiß & Fett:35,16%)
100g. ≈: Kohlehydrat 11,2g. BE 0,9 Eiweiß 3,3g. Fette 2,8
Portion: ≈ Kohlehydrat 33,6g. BE 2,8 Eiweiß 9,9g. Fette 8,3
µg. - Ph:12,47 Na:9,59 Ka:40,78 Mg:12,02 Ca:47,51 Fe:0,26 Zn:0,01 Col.:0 Hsr.:6,06

Zutaten:
Sellerie Knolle 1 Stück / 350g. (ja)
Apfel (sauer) 1 Stück / 175g. (wenig)
Zwiebel weiss 1 Stück / 100g. (ja)
Rapsöl 2 EL / 20g. (ja)
Grundrezept für eine Gemüsebrühe 600 ml. / 600g. (wenig)
Fenchel 1 Stück / 150g. (ja)
Salz 1 Prise / 0,5g. (wenig)
Pfeffer gemahlen 1 Prise / 0,1g. (ja)
Sojacreme 100 ml. / 100g. (wenig)

Kochanleitung:
Zwiebel und Sellerie schälen und grob würfeln. Apfel schälen, vierteln, das Kerngehäuse entfernen und in grobe Würfel schneiden. Die Hälfte des Öls in einem großen Topf erhitzen und die Zwiebelwürfel darin 2-3 Min. bei mittlerer Hitze glasig dünsten. Sellerie- und Apfelstücke dazugeben und 1 Min. dünsten. Gemüsebrühe (nach Grundrezept) dazugießen, alles aufkochen und bei kleiner Hitze zugedeckt etwa 45 Min. garen. In der Zwischenzeit den Fenchel putzen, waschen, abtropfen lassen und fein würfelig schneiden. Restliches Öl in einer Pfanne erhitzen und Fenchelwürfel darin bei mittlerer Hitze unter ständigem Rühren rösten, bis alles gut gebräunt und weich ist. Mit Salz und Pfeffer würzen und warm halten. Suppenzutaten in der Brühe mit einem Stabmixer fein pürieren. Apfel-Sellerie-Suppe durch ein Sieb streichen (passieren) und zurück in den Topf gießen. Sojacreme dazugeben und alles nochmals ca. 1 Min. erhitzen. Apfel-Sellerie-Suppe mit Salz und Pfeffer abschmecken. Auf Suppenteller verteilen und mit dem gerösteten Fenchel garniert servieren.

3.3 Aprikosen-Preiselbeer-Eis

Erhöht Widerstandskraft gegen Infektionen, gut bei
Mundschleimhautentzündung und Durchfall. Wirkt positiv auf
Harnwegsorgane.

Anzahl Portionen: 2
Kalorien p. Portion 107
Gramm p. Portion 222,5
Kochdauer ca. 5 Min.
(Kohlehydrat:90,83% / Eiweiß & Fett:9,17%)
100g. ≈: Kohlehydrat 10,7g. BE 0,9 Eiweiß 0,9g. Fette 0,2
Portion: ≈ Kohlehydrat 23,7g. BE 2 Eiweiß 1,9g. Fette 0,5
µg. - Ph:7,98 Na:0,94 Ka:107,17 Mg:4,69 Ca:8,02 Fe:0,03 Zn:0,01 Col.:0 Hsr.:8,57

Zutaten:
Marillen 350 g. / 350g. (wenig)
Wasser 50 ml. / 50g. (ja)
Preiselbeere 3 EL / 45g. (wenig)

Kochanleitung:
Aprikosensaft mit dem Preiselbeersirup vermischen. Den Saft in
Schleckeis-Förmchen füllen, ins Tiefkühlfach stellen und in ca. 3 Std.
gefrieren lassen.

3.4 Avocado mit Zitrone

Gut bei Schlafstörungen, Entzündungen, Schwellungen, Schmerzen
und Juckreiz, beruhigend.

Anzahl Portionen: 1
Kalorien p. Portion 290
Gramm p. Portion 131
Kochdauer ca. 5 Min.
(Kohlehydrat:16,54% / Eiweiß & Fett:83,46%)
100g. ≈: Kohlehydrat 4,6g. BE 0,4 Eiweiß 1,8g. Fette 21,6
Portion: ≈ Kohlehydrat 6,1g. BE 0,5 Eiweiß 2,3g. Fette 28,2
µg. - Ph:37,02 Na:5,87 Ka:469,27 Mg:29,31 Ca:11,83 Fe:0,59 Zn:0,38 Col.:0 Hsr.:29,01

Zutaten:
Avocado 1/2 Stück / 120g. (ja)
Zitrone Saft 1/2 Stück / 10g. (ja)
Salz 1 Prise / 1g. (wenig)

Kochanleitung:
Avocado halbieren, Kern entfernen, Zitronensaft hineingießen, salzen
und auslöffeln.

3.5 Basmatireis + Zucchini-Tofupfanne

Harntreibend, harmonisiert Milz und Magen, lindert Blähungen. Gut bei Übergewicht und Bluthochdruck. Antioxidativ, fördert Verdauung, entgiftet, stärkt Säfteproduktion, treibt Schweiß, reduziert Blutfett, stärkt Magen.

Anzahl Portionen: 4
Kalorien p. Portion 146
Gramm p. Portion   306,75
Kochdauer ca.   20 min.
Allergene: E
(Kohlehydrat:56,62% / Eiweiß & Fett:43,38%)
100g. ≈: Kohlehydrat 5,5g. BE 0,5 Eiweiß 2,6g. Fette 1,6
Portion: ≈ Kohlehydrat 16,8g. BE 1,4 Eiweiß 8g. Fette 4,9
µg. - Ph:13,21 Na:0,7 Ka:33,77 Mg:10,99 Ca:11,98 Fe:0,34 Zn:0,02 Col.:0 Hsr.:7,75

Zutaten:
Soja Tofu 250 g. / 250g. (wenig)
Olivenöl 2 EL / 6g. (ja)
Koriander 1/2 TL / 4g. (ja)
Ingwer frisch 1/2 TL / 4g. (ja)
Reis Basmatireis 1/2 Tasse / 60g. (ja)
Wasser 3 Tassen / 200g. (ja)
Zucchini 1 Stück / 700g. (ja)

Kochanleitung:
Tofu würfelig schneiden und mit Olivenöl, Tamari, zerstoßenem Koriander und Ingwer marinieren und mindestens 1 Std. ziehen lassen. Basmatireis im Wasser kochen und evtl. mit Zwiebel und Kardamom würzen. Zucchini und Tofu in einer Pfanne in heißem Öl ca. 5-7 Min. rösten und auf Tellern getrennt vom Reis anrichten. Petersilie drüberstreuen. Kann auch kalt als Salat für zuhause oder unterwegs verwendet werden.

3.6 Birnensaft

Fördert Verdauung, harntreibend.

Anzahl Portionen: 2
Kalorien p. Portion 180
Gramm p. Portion   300
Kochdauer ca.   5 min.
(Kohlehydrat:93,06% / Eiweiß & Fett:6,94%)
100g. ≈: Kohlehydrat 13,4g. BE 1,1 Eiweiß 0,6g. Fette 0,4
Portion: ≈ Kohlehydrat 40,2g. BE 3,4 Eiweiß 1,8g. Fette 1,2
µg. - Ph:7,5 Na:1 Ka:62,5 Mg:3,5 Ca:4,5 Fe:0,15 Zn:0,05 Col.:0 Hsr.:7,5

Zutaten:
Birne 3 Stück / 600g. (wenig)

Kochanleitung:
Bio-Birnen mit Schale (Vitamine sind vor allem unter der Schale)
vierteln, entkernen und in der Saftpresse entsaften.

3.7 Bulguraufstrich

Fördert die Verdauung und kuriert Bluthochdruck. Stärkt Immunsystem,
Harntreibend, antioxidativ.

Anzahl Portionen: 2
Kalorien p. Portion 339
Gramm p. Portion 168,05
Kochdauer ca. 45 Min.
Allergene: AL
(Kohlehydrat:39,83% / Eiweiß & Fett:60,17%)
100g. ≈: Kohlehydrat 15,9g. BE 1,3 Eiweiß 2,8g. Fette 21,2
Portion: ≈ Kohlehydrat 26,7g. BE 2,2 Eiweiß 4,7g. Fette 35,7
µg. - Ph:41,97 Na:8,58 Ka:93,92 Mg:25,92 Ca:72,09 Fe:0,55 Zn:0,16 Col.:0,06 Hsr.:21,54

Zutaten:
Grundrezept für eine Gemüsebrühe 100 ml. / 100g. (wenig)
Bulgur (Getreide) 50 g. / 50g. (ja)
Champignon 100 g. / 100g. (ja)
Rapsöl 1 EL / 10g. (ja)
Margarine 75 g. / 75g. (ja)
Salz 1 Prise / 0,5g. (wenig)
Pfeffer gemahlen 1 Prise / 0,3g. (ja)
Thymian 1 Prise / 0,3g. (ja)

Kochanleitung:
Grundrezept für eine Gemüsebrühe aufkochen und den Bulgur darin,
eine halbe Stunde, quellen lassen. Die Champignons in Würfel
schneiden und in einer Pfanne mit dem Rapsöl eine Minute dünsten.
Alles mit der Margarine und Gewürzen vermischen und abkühlen
lassen.

3.8 Champignonreis

Stärkt Nieren, ist harntreibend, erwärmt den Körper von innen, erweitert die Gefäße, stärkt die Muskeln, fördert die Verdauung, kuriert Bluthochdruck, löst Stagnation, fördert Gewichtsabnahme. Gut bei Abwehrschwäche und Appetitlosigkeit.

Anzahl Portionen: 2
Kalorien p. Portion 410
Gramm p. Portion   341
Kochdauer ca.   30 Min.
Allergene: L
(Kohlehydrat:89% / Eiweiß & Fett:11%)
100g. ≈: Kohlehydrat 33,1g. BE 2,8 Eiweiß 2,9g. Fette 1
Portion: ≈ Kohlehydrat 112,8g. BE 9,4 Eiweiß 10g. Fette 3,4
µg. - Ph:30,31 Na:3,54 Ka:32,26 Mg:27,24 Ca:62,74 Fe:0,37 Zn:0,16 Col.:0 Hsr.:12,22

Zutaten:
Zwiebel weiss 1 Stück / 50g. (ja)
Lorbeerblatt 2 Stück / 1g. (ja)
Nelke 2 Stück / 1g. (ja)
Grundrezept für eine Gemüsebrühe 400 g. / 350g. (wenig)
Reis Vollkorn 200 g / 200g. (ja)
Champignon 60 g. / 60g. (ja)
Petersilie 20 g. / 20g. (ja)
Pfeffer gemahlen 1 Prise / 0,2g. (ja)

Kochanleitung:
Die Nelken in die Zwiebel stecken, die Gemüsebrühe mit der Zwiebel und den Lorbeerblättern zum Kochen bringen und den
 Reis in die kochende Flüssigkeit geben. Temperatur auf die kleinste Stufe zurückschalten und mit geschlossenem Deckel 20-25 Min. garziehen lassen. In der Zwischenzeit die Champignons putzen, in Scheiben schneiden, mit wenig Wasser kurz andünsten oder anbraten. Die Petersilie waschen und fein hacken. Aus dem fertigen Reis die Zwiebel herausnehmen, die Champignons und die Petersilie hinzugeben und mit Pfeffer und Salz abschmecken.

3.9 Champignonsalat mit Kresse

Fördert die Durchblutung und die Verdauung, kuriert Bluthochdruck und Appetitlosigkeit.

Anzahl Portionen: 1
Kalorien p. Portion 220
Gramm p. Portion   312,6
Kochdauer ca.   5 Min.

Allergene: AN
(Kohlehydrat:55,75% / Eiweiß & Fett:44,25%)
100g. ≈: Kohlehydrat 6,8g. BE 0,6 Eiweiß 3,1g. Fette 2,3
Portion: ≈ Kohlehydrat 21,2g. BE 1,8 Eiweiß 9,7g. Fette 7,1
µg. - Ph:104,94 Na:37,3 Ka:365,24 Mg:14,2 Ca:18,94 Fe:1,08 Zn:0,4 Col.:0,02 Hsr.:60,11

Zutaten:
Champignon 250 g. / 250g. (ja)
Sesamöl 2 EL / 6g. (wenig)
Pfeffer gemahlen 1 Prise / 0,5g. (ja)
Salz 1 Prise / 1g. (wenig)
Zitrone 1/2 Stück / 15g. (ja)
Paprika (Rosenpaprikapulver) 2 Prisen / 0,1g. (wenig)
Kresse 2 EL / 10g. (ja)
Weißbrot (Weizenbrot) 2 Scheiben / 30g. (ja)

Kochanleitung:
Champignons feinblättrig schneiden. Dressing: Sesamöl, etwas
gemahlenen Pfeffer, Salz, reichlich Zitronensaft und Rosenpaprika gut
verrühren. Über die fein geschnittenen Champignons geben und
reichlich Kresse untermengen. Dazu passt: Weißbrot, Rundkornreis
oder Quinoa. Zusammen mit dem Getreide ergibt der Salat eine
einfache und leichte Mahlzeit.

3.10 Chicoréesalat mit Mandarinen

Löst Schleim, steckt voller Vitamine (A,B,C), fördert Verdauung, stärkt
Magen, fördert Gewichtsabnahme. Gut bei: Abwehrschwäche,
Appetitlosigkeit, Blähungen.
Anzahl Portionen: 3
Kalorien p. Portion 256
Gramm p. Portion 285,17
Kochdauer ca.   10 min.
Allergene: AGNO
(Kohlehydrat:75,45% / Eiweiß & Fett:24,55%)
100g. ≈: Kohlehydrat 14,2g. BE 1,2 Eiweiß 1,9g. Fette 2,7
Portion: ≈ Kohlehydrat 40,4g. BE 3,4 Eiweiß 5,5g. Fette 7,7
µg. - Ph:8,48 Na:15,24 Ka:55,37 Mg:3,93 Ca:9,35 Fe:0,13 Zn:0,01 Col.:0 Hsr.:7,09

Zutaten:
Mandarine 4 Stück / 300g. (wenig)
Chicorée 2-3 Stück / 300g. (ja)
Sesamöl 2 EL / 18g. (wenig)
Pfeffer gemahlen 1 Prise / 0,5g. (ja)
Salz 1 Prise / 1g. (wenig)
Essig Aceto Balsamico 2 TL / 6g. (ja)

Orange 1/2 Stück / 70g. (wenig)
Zitrone 1/2 Stück / 25g. (ja)
Paprika (Rosenpaprikapulver) 1 Prise / 1g. (wenig)
Orangenmarmelade 1 TL / 4g. (wenig)
Sahne, süß 30% 1 EL / 10g. (wenig)
Weißbrot (Weizenbrot) 6 Scheiben / 120g. (ja)

Kochanleitung:

Mandarinen schälen und in mundgerechte Stücke schneiden. Chicorée grob schneiden und beides vermischen. Dressing: Sesamöl, Pfeffer, Salz, Himbeeressig oder Balsamico-Essig, etwas Zitronen- oder Orangensaft, Rosenpaprika, Orangenmarmelade (ersatzweise eine andere Marmelade) und wenig süße Sahne gut durchrühren, über den Salat geben und kurz durchziehen lassen.

3.11 Dicke Erbsensuppe für den Winter

Stärkt Leber, Nieren und Abwehrkraft. Ist harntreibend, entgiftend, löst Stagnation, fördert Durchblutung.

Anzahl Portionen: 3
Kalorien p. Portion 124
Gramm p. Portion 255
Kochdauer ca. 2-3 Stunden
Allergene: AN
(Kohlehydrat:46,79% / Eiweiß & Fett:53,21%)
100g. ≈: Kohlehydrat 4g. BE 0,3 Eiweiß 1,7g. Fette 2,9
Portion: ≈ Kohlehydrat 10,3g. BE 0,9 Eiweiß 4,4g. Fette 7,3
µg. - Ph:10,32 Na:0,75 Ka:22,49 Mg:3,65 Ca:4,66 Fe:0,17 Zn:0,04 Col.:0 Hsr.:15,62

Zutaten:

Erbse, grün 150 g. / 150g. (wenig)
Wasser 600 ml. / 550g. (ja)
Sesamöl 1 EL / 20g. (wenig)
Zwiebel weiss 1/2 Stück / 25g. (ja)
Ingwer frisch 1/2 TL / 1g. (ja)
Kümmel 1/2 TL / 1g. (ja)
Hafer Schrot 1 EL / 15g. (ja)
Salz 1 Prise / 1g. (wenig)
Petersilie 1 Stängel / 2g. (ja)

Kochanleitung:

Erbsen vorher einweichen. Sesamöl in einem Topf erhitzen und kleingeschnittene Zwiebel, Haferschrot, Ingwer und Kümmel darin anbraten. Erbsen zugeben und 2-3 Std. köcheln. Am Ende Salz zufügen und mit Petersilie garnieren.

3.12 Erfrischende Gurkensuppe mit Kartoffeln

Harntreibend, entgiftend, unterdrückt Umwandlung von Zucker in Fett, senkt Cholesterinspiegel, beugt Krebs vor, lindert Entzündungen, verbessert Verdauung, löst Stagnation, fördert Appetit.

Anzahl Portionen: 3
Kalorien p. Portion 148
Gramm p. Portion 307,33
Kochdauer ca. 15 Min
Allergene: GN
(Kohlehydrat:70% / Eiweiß & Fett:30%)
100g. ≈: Kohlehydrat 7g. BE 0,6 Eiweiß 1,3g. Fette 1,7
Portion: ≈ Kohlehydrat 21,6g. BE 1,8 Eiweiß 3,9g. Fette 5,1
µg. - Ph:3,72 Na:0,77 Ka:23,54 Mg:1,43 Ca:2 Fe:0,05 Zn:0,02 Col.:0 Hsr.:1,19

Zutaten:
Sesamöl 1 EL / 10g. (wenig)
Kartoffel 4 Stück / 300g. (wenig)
Zwiebel Frühlingszwiebel 3 Stück / 60g. (ja)
Pfeffer gemahlen 1 Prise / 0,5g. (ja)
Muskatnuss 1 Prise / 1g. (ja)
Salz 1 Prise / 1g. (wenig)
Zitrone 1/2 Stück / 25g. (ja)
Gurke 2 Stück / 500g. (ja)
Sahne, süß 30% 1 EL / 10g. (wenig)
Dill 1 EL / 15g. (ja)

Kochanleitung:
Kleingeschnittene Kartoffeln und reichlich Frühlingszwiebeln in Sesamöl anbraten und mit Pfeffer, etwas Muskat, Salz und Zitronensaft würzen. Heißes Wasser und gewürfelte Salatgurke dazugeben, ca. 10 Min. dünsten und danach pürieren. Etwas süße Sahne nach Belieben und frischen Dill zufügen. Variante: Etwas Chili, Oregano, Thymian oder Rosmarin dazugeben, um die abkühlende Wirkung zu mildern.

3.13 Fenchel-Kartoffel-Auflauf

Lindert Entzündungen, verbessert Durchblutung, verbessert Verdauung, harntreibend. Gut bei Appetitlosigkeit, Blähungen, Darmentzündungen, Sodbrennen. Stärkt Magensaftproduktion.

Anzahl Portionen: 2
Kalorien p. Portion 147
Gramm p. Portion 230,5
Kochdauer ca. 1 1/2 Stunden
Allergene: CGL
(Kohlehydrat:68% / Eiweiß & Fett:32%)
100g.≈ Eiweiß 5,72g. Fett:5,42g.

μg. - Ph:15 Na:12,98 Ka:80,91 Mg:13,52 Ca:40,41 Fe:0,41 Zn:0,09 Col.:7,81 Hsr.:3,64

Zutaten:
Fenchel 200 g. / 200g. (ja)
Kartoffel 125 g. / 125g. (wenig)
Grundrezept für eine Gemüsebrühe 100 ml. / 100g. (wenig)
Butter Bio 1 TL / 3g. (ja)
Reismehl 2 TL / 6g. (ja)
Sahne sauer 10% 1 TL / 3g. (ja)
Salz 1 Prise / 1g. (wenig)
Zucker Ursüße (Zuckerrohr) süß 1 Prise / 1g. (ja)
Huhn Eigelb 1 Stück / 10g. (ja)
Pfeffer Cayenne 1 Prise / 0,5g. (ja)
Muskatnuss 1 Prise / 0,5g. (ja)
Petersilie 1 TL / 2g. (ja)
Lauchzwiebel Schnittlauch 1 TL / 3g. (ja)
Parmesan 1 TL / 3g. (weniger als angegeben)
Butter Bio 1 TL / 3g. (ja)

Kochanleitung:
Kartoffeln in der Schale kochen, abkühlen lassen und dann schälen.
Fenchel waschen, Stiele abschneiden und evtl. äußere Blätter
entfernen. Fenchelgrün zurückhalten und später mit den anderen
Kräutern zur Soße geben. Fenchelknollen ca. 15-20 Min. dünsten.
Danach Kartoffeln und Fenchel in Scheiben schneiden und
schichtweise in eine gefettete Auflaufform geben. Flüssigkeit aus
Fenchelbrühe zum Kochen bringen und mit Mehl binden. Mit Meersalz,
Cayennepfeffer, Zucker, Muskat und saurer Sahne abschmecken.
Abkühlen lassen und mit Eigelb legieren. Die Soße über den Auflauf
verteilen, mit Parmesan, fein gehackter Petersilie und Schnittlauch
bestreuen. Alles 30 Min. bei ca. 200 Grad im Backofen überbacken.

3.14 Fenchel-Reissuppe

Stärkt Magen, lindert Verstopfung, regt Nerven an, entgiftet, lindert
Entzündungen, verbessert Durchblutung.
Anzahl Portionen: 2
Kalorien p. Portion 156
Gramm p. Portion 234
Kochdauer ca. 15-20 Min.
Allergene: EG
(Kohlehydrat:88,32% / Eiweiß & Fett:11,68%)
100g. ≈: Kohlehydrat 33g. BE 2,8 Eiweiß 1,5g. Fette 2,8
Portion: ≈ Kohlehydrat 77,3g. BE 6,4 Eiweiß 3,6g. Fette 6,6
μg. - Ph:14,68 Na:32,47 Ka:82,1 Mg:105,79 Ca:110,69 Fe:0,5 Zn:0,06 Col.:1,92 Hsr.:4,9

Zutaten:
Grundrezept für eine Reissuppe 300 ml. / 300g. (wenig)
Fenchel 1/2 Stück / 150g. (ja)
Butter Bio 1 EL / 15g. (ja)
Sojasauce 1 Schuss / 3g. (wenig)

Kochanleitung:
Fenchel in der Reissuppe (nach Grundrezept) weich kochen. Vor dem
Servieren ein Stück Butter und etwas Sojasoße zugeben.

3.15 Frühlingssalat

Blutbildend, blutreinigend, harntreibend, entgiftend. Senkt Blutdruck,
lindert Entzündungen. Gut bei Magenbeschwerden,
Verdauungsschwäche, Verstopfung, Durchfall. Hilft Fett zu verdauen.

Anzahl Portionen: 4
Kalorien p. Portion 162
Gramm p. Portion 210,25
Kochdauer ca. 10 Min.
Allergene: AEMN
(Kohlehydrat:67,1% / Eiweiß & Fett:32,9%)
100g.≈ Eiweiß 7,69g. Fett:3,57g.
µg. - Ph:14,58 Na:20,27 Ka:80,05 Mg:7,09 Ca:20,96 Fe:0,73 Zn:0,03 Col.:0 Hsr.:8,02

Zutaten:
Sauerampfer 150 g. / 150g. (wenig)
Löwenzahn (junger) 100 g. / 100g. (ja)
Mungbohnensprossen 75 g. / 75g. (wenig)
Kresse 100 g. / 100g. (ja)
Lauchzwiebel Schnittlauch 1 Bund / 50g. (ja)
Tomate 2 Stück / 100g. (ja)
Petersilie 1 Bund / 50g. (ja)
Sesam Paste (Tahini) 2 EL / 16g. (weniger als angegeben)
Sojasauce 1 Schuss / 3g. (wenig)
Senf 1/2 TL / 2g. (wenig)
Weißbrot (Weizenbrot) 6 Scheiben / 120g. (ja)

Kochanleitung:
Alle Salatzutaten waschen, mischen und die Soße folgendermaßen
zubereiten: Tahin mit Senf, Balsamico-Essig, Tamari, Olivenöl,
Schnittlauch und der Hälfte der Petersilie mischen. Die Soße über den
Salat gießen und unmittelbar vor dem Servieren die restliche Petersilie
drüberstreuen. Mit dem Weißbrot servieren.

3.16 Gefrorener Ananassaft

Lindert Entzündungen, harntreibend, reinigt die Haut.
Anzahl Portionen: 1
Kalorien p. Portion 29
Gramm p. Portion 50
Kochdauer ca.   1 1/2 Stunden
Allergene:
(Kohlehydrat:95,07% / Eiweiß & Fett:4,93%)
100g. ≈: Kohlehydrat 13,5g. BE 1,1 Eiweiß 0,5g. Fette 0,2
Portion: ≈ Kohlehydrat 6,8g. BE 0,6 Eiweiß 0,2g. Fette 0,1
µg. - Ph:9 Na:2 Ka:173 Mg:17 Ca:16 Fe:0,4 Zn:0,3 Col.:0 Hsr.:7

Zutaten:
Ananas 50 g. / 50g. (wenig)

Kochanleitung:
Ananas selbst entsaften oder Bio-Ananassaft in kleinen Portionen
einfrieren und bei Bedarf lutschen.

3.17 Gefüllte Paprika mit Erbsen

Fördert Verdauung, reguliert Wasserstoffwechsel, stärkt Immunsystem,
stärkt Magen, löst Stagnation, stärkt Muskeln.
Anzahl Portionen: 2
Kalorien p. Portion 377
Gramm p. Portion 403,3
Kochdauer ca.   1 Stunde
Allergene: AGL
(Kohlehydrat:76,12% / Eiweiß & Fett:23,88%)
100g. ≈: Kohlehydrat 16,8g. BE 1,4 Eiweiß 2,1g. Fette 3,2
Portion: ≈ Kohlehydrat 67,9g. BE 5,7 Eiweiß 8,3g. Fette 13
µg. - Ph:20,82 Na:9,3 Ka:49,95 Mg:25,71 Ca:75,24 Fe:0,36 Zn:0,07 Col.:1,49 Hsr.:13,87

Zutaten:
Paprika 2 Stück / 300g. (ja)
Salz 1 Prise / 0,2g. (wenig)
Grundrezept für eine Gemüsebrühe 300 g. / 200g. (wenig)
Reis Sorte beliebig 100 g. / 100g. (ja)
Zwiebel weiss 1 Stück / 100g. (ja)
Rapsöl 2 EL / 6g. (ja)
Erbsen 2 EL / 15g. (wenig)
Salz 1 Prise / 0,2g. (wenig)
Pfeffer gemahlen 1 Prise / 0,2g. (ja)
Grundrezept für eine Gemüsebrühe 200 g / 50g. (wenig)
Brösel (Weizenbrot, Semmel) 2 EL / 15g. (ja)
Butter Bio 20 g. / 20g. (ja)

Kochanleitung:
Reis in der Brühe kochen. Paprika halbieren und salzen. Die gewürfelten Zwiebel mit dem Öl anbraten und mit Reis und Erbsen mischen. Die Paprika damit füllen und mit Semmelbrösel betreuen und Buterflocken darauf legen. Die Gemüsebrühe und die Paprika in eine Auflaufform geben und bei 180°C backen.
Dazu passen Béchamelsauce, Sauerrahm oder Frischkäse.

3.18 Gekochter Selleriesalat mit exotischen Gewürzen

Stärkt Magen, bindet Wasser im Darm, antibakteriell, blutbildend, blutreinigend, entzündungshemmend, harntreibend, fördert Durchblutung.

Anzahl Portionen: 4
Kalorien p. Portion 165
Gramm p. Portion 341,12
Kochdauer ca. 30 Min.
Allergene: GLMNO
(Kohlehydrat:47,77% / Eiweiß & Fett:52,23%)
100g. ≈: Kohlehydrat 3,9g. BE 0,3 Eiweiß 1,6g. Fette 2,7
Portion: ≈ Kohlehydrat 13,5g. BE 1,1 Eiweiß 5,6g. Fette 9,1
µg. - Ph:13,51 Na:24,66 Ka:69,44 Mg:3,02 Ca:20,16 Fe:0,1 Zn:0,01 Col.:0,2 Hsr.:12,08

Zutaten:
Sellerie Knolle 1 1/2 Stück / 900g. (ja)
Joghurt (natur, 3,5 % Fett) 1 Becher / 250g. (ja)
Sauerrahm 15% Fett 2 EL / 20g. (wenig)
Kurkuma (Gelbwurz) 1 Prise / 1g. (wenig)
Sesamöl 1 EL / 20g. (wenig)
Pfeffer gemahlen 1 Prise / 0,5g. (ja)
Zitronengras 1 Prise / 1g. (ja)
Zwiebel weiss 1/2 Stück / 25g. (ja)
Senf 1/2 TL / 1g. (wenig)
Schwarzkümmel 1 Prise / 1g. (ja)
Salz 1 Prise / 1g. (wenig)
Zitrone Saft 1 Stück / 40g. (ja)
Apfel (sauer) 1/2 Stück / 100g. (wenig)
Paprika (Rosenpaprikapulver) 1 Prise / 1g. (wenig)
Essig (Apfelessig) 1 Schuss / 3g. (ja)

Kochanleitung:
Den Sellerie waschen, schälen und in dicke Scheiben schneiden. In heißem Wasser gar kochen und in längliche, mundgerechte Streifen schneiden. Dressing: Etwas Joghurt, Sauerrahm, Kurkuma, Sesamöl, Pfeffer, Zitronengraspulver, fein geschnittene Zwiebel, etwas Senf,

Salz, zerstoßenen Schwarzkümmel, etwas kaltes Wasser, Zitronensaft oder Essig gut vermengen. Den halben säuerlichen Apfel kleingeschnitten, etwas Rosenpaprika und den lauwarmen Sellerie dazugeben und gut vermischen. 2-3 Std. oder über Nacht ziehen lassen. Ideal als Ersatz für Rohkost, auf die man wegen Verdauungsschwäche verzichten möchte.

3.19 Gemüse Pizza

Fördert die Verdauung, reduziert Blutdruck. Wirkt bei Appetitlosigkeit, Blähungen, Darmentzündungen, Fettsucht, Gicht.

Anzahl Portionen: 4
Kalorien p. Portion 661
Gramm p. Portion 255,95
Kochdauer ca. 2 Stunden
Allergene: AG
(Kohlehydrat:60,1% / Eiweiß & Fett:39,9%)
100g. ≈: Kohlehydrat 28,9g. BE 2,4 Eiweiß 6,9g. Fette 12,3
Portion: ≈ Kohlehydrat 74,1g. BE 6,2 Eiweiß 17,7g. Fette 31,5
µg. - Ph:40,87 Na:14,43 Ka:57,28 Mg:10,33 Ca:21,23 Fe:0,3 Zn:0,09 Col.:0,85 Hsr.:14,41

Zutaten:

Weizen Mehl 200 g / 200g. (ja)
Olivenöl 4 EL / 35g. (ja)
Hefe 1/2 Packung / 2g. (wenig)
Wasser 80 g. / 50g. (ja)
Zucker (weiß, aus Rüben) 1 TL / 8g. (ja)
Tomate 200 g / 160g. (ja)
Salz 1/2 TL / 2g. (wenig)
Zwiebel weiss 1 Stück / 10g. (ja)
Butter Bio 2 EL / 15g. (ja)
Champignon 200 g / 160g. (ja)
Mais 100 g. / 190g. (ja)
Creme fraîche 100 g. / 100g. (ja)
Gouda 100 g. / 90g. (wenig)
Salz 1 Prise / 0,5g. (wenig)
Pfeffer gemahlen 1 Prise / 0,3g. (ja)
Oregano getrocknet 1 Prise / 1g. (ja)

Kochanleitung:

Pizzateig: Mehl mit Zucker und Hefe mischen. Wasser hinzugeben und zu einem glatten Teig kneten. 45 Minuten gehen lassen. Öl und Salz dazu geben und kräftig durchkneten. Ausrollen und auf ein belegtes Backblech geben. 10 Minuten gehen lassen. Belag: In der Zwischenzeit die fein geschnittenen Zwiebel in Butter anschwitzen. Tomaten zugeben und ein wenig einkochen lassen. Klein geschnittene Champignons und die Gewürze dazu geben und auf dem Teig verteilen. Creme fraîche verteilen und geriebenen Gouda drüber streuen. Bei 200°C etwa 30 Minuten backen.

3.20 Gemüseeintopf mit provenzalischer Pistou

Stärkt Magen, Milz und Leber, senkt Blutdruck, bakterizid, stärkt Immunsystem, beugt Krebs vor, reduziert Strahlenverletzungen, löst Stagnation, lindert Verstopfung, produziert Muttermilch.

Anzahl Portionen: 8
Kalorien p. Portion 138
Gramm p. Portion 323,19
Kochdauer ca. 1 1/2 Stunden
Allergene: AGL
(Kohlehydrat:74,78% / Eiweiß & Fett:25,22%)
100g.≈ Eiweiß 5,9g. Fett:6,34g.
µg. - Ph:5,16 Na:5,15 Ka:19,8 Mg:8,5 Ca:34,21 Fe:0,13 Zn:0 Col.:0,02 Hsr.:2

Zutaten:
Tomate 200 g. / 200g. (ja)
Olivenöl 2 EL / 30g. (ja)
Knoblauch 1 Zehe / 5g. (ja)
Parmesan 30 g. / 30g. (weniger als angegeben)
Toastbrot (Vollkorn) 1 Scheibe / 5g. (wenig)
Basilikum (frisch) 1 Bund / 125g. (ja)
Salz 1 Prise / 2g. (wenig)
Pfeffer gemahlen 1 Prise / 1g. (ja)
Oregano getrocknet 1 TL / 3g. (ja)
Grundrezept für eine Gemüsebrühe 1 1/4 Liter / 1250g. (wenig)
Karotte (Mohrrübe, Möhre) 150 g. / 150g. (ja)
Sellerie Knolle 100 g. / 100g. (ja)
Brokkoli 200 g. / 200g. (wenig)
Fenchel 1 Stück / 250g. (ja)
Thymian getrocknet 1/2 TL / 2g. (ja)
Oregano getrocknet 1/2 TL / 2g. (ja)
Lorbeerblatt 1 Stück / 0,5g. (ja)
Erbse, grün 50 g. / 50g. (wenig)
Zwiebel Frühlingszwiebel 4 Stück / 80g. (ja)
Kartoffel 100 g. / 100g. (wenig)

Kochanleitung:
Soße: Tomaten abziehen, in kleine Stücke schneiden und zusammen mit fein gehacktem Knoblauch in Olivenöl ein wenig einkochen. Toastbrot (zerkrümelt), frischen fein geriebenen Parmesan, fein

geschnittenen Basilikum, Oregano, Salz und Pfeffer dazugeben.
Suppe: Gemüsebrühe nach Grundrezept zum Kochen bringen, in grobe
Scheiben geschnittene Karotten, würfelig geschnittenen Sellerie,
würfelig geschnittene Kartoffel, kleine Röschen Brokkoli,
kleingeschnittene Fenchelknolle, Erbsen, Thymian, Oregano und das
Lorbeerblatt hinzufügen und 10 Min. kochen lassen. Frühlingszwiebeln
in dünne Ringe geschnitten zufügen und weitere 2 Min. mitkochen.
Einige Esslöffel Soße in eine Suppenschüssel füllen und kochend heiße
Brühe damit verrühren. Nach und nach die Soße mit der Suppe
mischen.

3.21 Gemüse-Grieß-Suppe

Harntreibend, harmonisiert Magen und Darm, senkt Blutdruck, regt
Verdauung an, reduziert Schmerzen, senkt Cholesterinspiegel,
entgiftet. Gut bei Appetitlosigkeit, Blähungen, Darmentzündungen,
Sodbrennen, Zwölffingerdarmgeschwüren.

Anzahl Portionen: 3
Kalorien p. Portion 199
Gramm p. Portion 459,67
Kochdauer ca.   20 Min.
Allergene: AEGL
(Kohlehydrat:78,84% / Eiweiß & Fett:21,16%)
100g. ≈: Kohlehydrat 10,9g. BE 0,9 Eiweiß 1,4g. Fette 1,5
Portion: ≈ Kohlehydrat 50g. BE 4,2 Eiweiß 6,4g. Fette 7
µg. - Ph:12,79 Na:13,89 Ka:69,81 Mg:18,98 Ca:66,25 Fe:0,28 Zn:0,04 Col.:0,39 Hsr.:8,64

Zutaten:

Grundrezept für eine Gemüsebrühe 1/2 Liter / 500g. (wenig)
Kartoffel 1 Stück / 80g. (wenig)
Pastinake 1 Stück / 180g. (ja)
Karotte (Mohrrübe, Möhre) 1 Stück / 120g. (ja)
Sellerie Knolle 150 g. / 150g. (ja)
Kohlrabi 1/2 Stück / 200g. (wenig)
Bohnen (grün, frisch) 10 dag. / 100g. (wenig)
Weizen Gries 2 EL / 24g. (ja)
Liebstöckel 1/2 TL / 2g. (ja)
Butter Bio 1 EL / 20g. (ja)
Sojasauce 1 TL / 3g. (wenig)

Kochanleitung:

Vorbereitete Gemüsebrühe erhitzen und buntes Gemüse darin weich
kochen. Etwas Weizengrieß einstreuen und quellen lassen. Am Schluss
reichlich Liebstöckelgrün und etwas Butter unterrühren und mit
Sojasoße abschmecken.

3.22 Gemüse-Miso-Suppe mit Tofu

Sehr kräftigend, stärkt nach fiebriger Erkrankung, senkt Blutdruck, stärkt Immunsystem, beugt Krebs vor, reduziert Strahlenverletzungen, fördert Durchblutung, stärkt Magen, Leber und Nieren, entgiftet, stärkt Muskeln, lindert Blähungen.

Anzahl Portionen: 4
Kalorien p. Portion 107
Gramm p. Portion 247,75
Kochdauer ca.   15 Min.
Allergene: EN
(Kohlehydrat:22,33% / Eiweiß & Fett:77,67%)
100g. ≈: Kohlehydrat 1,3g. BE 0,1 Eiweiß 0,8g. Fette 3,8
Portion: ≈ Kohlehydrat 3,2g. BE 0,3 Eiweiß 1,9g. Fette 9,4
µg. - Ph:3,93 Na:13,88 Ka:10,98 Mg:1,98 Ca:4,08 Fe:0,07 Zn:0,01 Col.:0 Hsr.:1,45

Zutaten:

Sesamöl 2 EL / 35g. (wenig)
Zwiebel Schalotte 1 Stück / 20g. (ja)
Karotte (Mohrrübe, Möhre) 1 Stück / 70g. (ja)
Lauch (Porree) 5 cm / 10g. (ja)
Wasser 3/4 Liter / 750g. (ja)
Endiviensalat 2 EL / 30g. (ja)
Soja Tofu 2 EL / 30g. (wenig)
Ingwer frisch 1/2 TL / 1g. (ja)
Miso 2 EL / 15g. (wenig)

Kochanleitung:

In Sesamöl erst Zwiebeln, dann Karotten sowie den Lauch anbraten und mit Wasser aufgießen und leise köcheln lassen. Sojasprossen und Endivienblätter zugeben und ziehen lassen. Tofuwürfel und etwas Ingwer zugeben und zum Schluss in etwas abgekühltem Kochwasser gelöstes Miso einrühren.

3.23 Gemüsereis

Stärkt Magen, löst Stagnation, fördert Gewichtsabnahme, stärkt Nieren und Blase, harntreibend, erwärmt den Körper von innen, reguliert Innenorganfunktionen. Gut bei Abwehrschwäche, Appetitlosigkeit, Blähungen und Bluthochdruck.

Anzahl Portionen: 3
Kalorien p. Portion 304
Gramm p. Portion 274,73
Kochdauer ca.   30 Min.
Allergene: L
(Kohlehydrat:87,6% / Eiweiß & Fett:12,4%)
100g. ≈: Kohlehydrat 29,6g. BE 2,5 Eiweiß 2,9g. Fette 1,2

Portion: ≈ Kohlehydrat 81,3g. BE 6,8 Eiweiß 8,1g. Fette 3,4
µg. - Ph:35,4 Na:5,75 Ka:46,63 Mg:34,07 Ca:82,12 Fe:0,49 Zn:0,07 Col.:0 Hsr.:15,52

Zutaten:
Brokkoli 50 g. / 50g. (wenig)
Karotte (Mohrrübe, Möhre) 50 g. / 50g. (ja)
Kohlrabi 50 g. / 50g. (wenig)
Blumenkohl (Karfiol) 30 g. / 30g. (ja)
Erbsen 20 g. / 20g. (wenig)
Margarine 1 TL / 4g. (ja)
Reis Vollkorn 200 g / 200g. (ja)
Grundrezept für eine Gemüsebrühe 400 g. / 400g. (wenig)
Petersilie 20 g. / 20g. (ja)
Pfeffer gemahlen 1 Prise / 0,2g. (ja)

Kochanleitung:
Brokkoli, Karotten und Kohlrabi in kleine Würfel schneiden und den
Blumenkohl in kleine Röschen zerteilen. Die Margarine in einer Pfanne
oder einem Topf erhitzen und das Gemüse darin andünsten.
Anschließend den Reis zufügen, mit der Gemüsebrühe auffüllen und
15-20 Min. ausquellen lassen. In der Zwischenzeit die Petersilie fein
hacken. Nach Garzeitende den Reis mit frisch gemahlenem Pfeffer und
Petersilie abschmecken.

3.24 Geriebener Apfel

3 x tgl. essen, wirkt stopfend, bindet Wasser im Darm.
Anzahl Portionen: 1
Kalorien p. Portion 120
Gramm p. Portion   200
Kochdauer ca.   10 Min.
Allergene:
(Kohlehydrat:94,21% / Eiweiß & Fett:5,79%)
100g. ≈: Kohlehydrat 11,4g. BE 1 Eiweiß 0,3g. Fette 0,4
Portion: ≈ Kohlehydrat 22,8g. BE 1,9 Eiweiß 0,6g. Fette 0,8
µg. - Ph:11 Na:3 Ka:144 Mg:6 Ca:7 Fe:0,5 Zn:0,1 Col.:0 Hsr.:15

Zutaten:
Apfel (sauer) 1 Stück / 200g. (wenig)

Kochanleitung:
Apfel (sauer) schälen und möglichst fein reiben. Danach mindestens 5
Min. stehen lassen, bis er braun geworden ist.

3.25 Geröstete Hirse mit Pflaumenkompott

Harntreibend, stärkt Milz und Nieren, stärkt die Abwehr, gut bei Pilzinfektionen.

Anzahl Portionen: 4
Kalorien p. Portion 139
Gramm p. Portion 218,25
Kochdauer ca. 30 Min.
(Kohlehydrat:85% / Eiweiß & Fett:15%)
100g. ≈: Kohlehydrat 12,8g. BE 1,1 Eiweiß 1,6g. Fette 0,6
Portion: ≈ Kohlehydrat 28g. BE 2,3 Eiweiß 3,6g. Fette 1,2
µg. - Ph:2,99 Na:0,1 Ka:4,37 Mg:1,68 Ca:0,78 Fe:0,09 Zn:0,03 Col.:0 Hsr.:0,93

Zutaten:
Hirse 1 Tasse / 120g. (ja)
Wasser 2 Tassen / 250g. (ja)
Pflaume 2 Tassen / 250g. (wenig)
Vanilleschote 1 Prise / 1g. (ja)
Wasser 250 g. / 250g. (ja)
Zimtpulver 1 Prise / 1g. (wenig)
Acerola Fruchtnektar oder Pulver 1/2 TL / 1g. (wenig)

Kochanleitung:
Hirse kurz anrösten, mit Wasser übergießen, kurz aufkochen und 20 Min. quellen lassen. Pflaumen mit Wasser, Vanille und Zimt 10 Min. kochen und abseihen. Acerola dazugeben und zu der Hirse reichen.

3.26 Grapefruitsaft

Fördert Verdauung, senkt Blutzucker, trocknet aus, liefert Vitamin C.

Anzahl Portionen: 1
Kalorien p. Portion 108
Gramm p. Portion 250
Kochdauer ca. 5 Min.
(Kohlehydrat:92,45% / Eiweiß & Fett:7,55%)
100g. ≈: Kohlehydrat 9,8g. BE 0,8 Eiweiß 0,6g. Fette 0,2
Portion: ≈ Kohlehydrat 24,5g. BE 2 Eiweiß 1,5g. Fette 0,5
µg. - Ph:17 Na:2 Ka:180 Mg:10 Ca:18 Fe:0,3 Zn:0,2 Col.:0 Hsr.:15

Zutaten:
Grapefruit/Pampelmuse/Pomelo 1 Glas / 250g. (ja)

Kochanleitung:
Frische Grapefruit entsaften oder Biosaft verwenden.

3.27 Grießsuppe mit Gemüse

Senkt Blutdruck, stärkt Immunsystem, beugt Krebs vor, stärkt Magen, löst Stagnation, fördert Gewichtsabnahme. Gut bei Abwehrschwäche, Appetitlosigkeit, Blähungen Bluthochdruck, Depressionen, Diabetes, Durchfall, Rheuma, Sodbrennen, Zwölffingerdarmgeschwü

Anzahl Portionen:　3
Kalorien p. Portion　106
Gramm p. Portion　237,7
Kochdauer ca.　20 Min.
Allergene:　AGL
(Kohlehydrat:85,32% / Eiweiß & Fett:14,68%)
100g. ≈: Kohlehydrat 16,2g. BE 1,4 Eiweiß 1g. Fette 1,8
Portion: ≈ Kohlehydrat 38,6g. BE 3,2 Eiweiß 2,4g. Fette 4,2
µg. - Ph:8,65 Na:9,11 Ka:25,61 Mg:28,49 Ca:112,45 Fe:0,33 Zn:0,03 Col.:0 Hsr.:5,1

Zutaten:
Grundrezept für eine Gemüsebrühe 1/2 Liter / 500g. (wenig)
Weizen Gries 2 EL / 20g. (ja)
Liebstöckel 1/2 TL / 2g. (ja)
Basilikum (frisch) 1/2 TL / 1g. (ja)
Muskatnuss 1 Prise / 0,1g. (ja)
Karotte (Mohrrübe, Möhre) 100 g. / 100g. (ja)
Sellerie Knolle 50 g. / 50g. (ja)
Sahne, süß 30% 3 EL / 30g. (wenig)
Petersilie 1 EL / 10g. (ja)

Kochanleitung:
Grieß ohne Fett in einer Pfanne anrösten. Kleingeschnittene Karotten und Sellerie kurz mitrösten. Mit der Gemüsesuppe aufgießen, mit Liebstöckel und Muskatnuss würzen und 10 Min. köcheln lassen. Vor dem Servieren die Sahne einrühren und
mit Petersilie garnieren.

3.28 Grundrezept für eine Gemüsebrühe

Senkt Blutdruck und Blutfett, bakterizid, stärkt Immunsystem, beugt Krebs vor, stärkt Magen, löst Stagnation, fördert Gewichtsabnahme, hilft bei Appetitlosigkeit, Blähungen, Bluthochdruck, Depressionen, Diabetes, Durchfall.

Anzahl Portionen:　5
Kalorien p. Portion　48
Gramm p. Portion　240,6
Kochdauer ca.　2-3 Stunden

Allergene: L
(Kohlehydrat:71,3% / Eiweiß & Fett:28,7%)
100g. ≈: Kohlehydrat 3g. BE 0,2 Eiweiß 0,7g. Fette 0,5
Portion: ≈ Kohlehydrat 7,2g. BE 0,6 Eiweiß 1,6g. Fette 1,3
µg. - Ph:4,86 Na:3,67 Ka:25,68 Mg:1,8 Ca:6,32 Fe:0,1 Zn:0,01 Col.:0 Hsr.:2,78

Zutaten:
Olivenöl 1 EL / 4g. (ja)
Zwiebel weiss 1 Stück / 60g. (ja)
Karotte (Mohrrübe, Möhre) 3 Stück / 200g. (ja)
Pastinake 150 g. / 150g. (ja)
Sellerie Knolle 1 Tasse / 100g. (ja)
Ingwer frisch 1/2 TL / 2g. (ja)
Zitrone 1/2 Stück / 25g. (ja)
Wacholderbeere 6 Stück / 6g. (ja)
Thymian getrocknet 1 Prise / 1g. (ja)
Liebstöckel 1 EL / 3g. (ja)
Lorbeerblatt 2 Blätter / 1g. (ja)
Salz 1 Prise / 1g. (wenig)
Wasser 3/4 Liter / 650g. (ja)

Kochanleitung:
Gemüse würfelig schneiden. Öl in einem Topf erhitzen, die Zwiebel und
das Gemüse darin anbraten, Ingwer und Lorbeer zugeben. Mit kaltem
Wasser aufgießen, Zitronensaft zufügen und mit Wacholder, Thymian
und Liebstöckel würzen. 2-3 Std. auf kleiner Stufe zugedeckt köcheln
lassen. Brühe durch ein Sieb streichen und im Kühlschrank
aufbewahren. Sie dient als Suppengrundlage und verfeinert Gemüse,
Hülsenfrüchte oder Getreide.

3.29 Grundrezept für eine Reissuppe

Niedriger Fettgehalt, zur Entwässerung des Körpers bei Übergewicht
und Bluthochdruck.

Anzahl Portionen: 3
Kalorien p. Portion 140
Gramm p. Portion 273,33
Kochdauer ca.   2-4 Stunden
(Kohlehydrat:89,71% / Eiweiß & Fett:10,29%)
100g. ≈: Kohlehydrat 11g. BE 0,9 Eiweiß 1,1g. Fette 0,2
Portion: ≈ Kohlehydrat 30g. BE 2,5 Eiweiß 3g. Fette 0,5
µg. - Ph:5,85 Na:0,58 Ka:5,02 Mg:3,41 Ca:1,72 Fe:0,03 Zn:0,02 Col.:0 Hsr.:6,34

Zutaten:
Reis Sorte beliebig 1 Tasse / 120g. (ja)
Wasser 6 Tassen / 700g. (ja)

Kochanleitung:
Man kocht Reis und Wasser in einem Verhältnis von etwa 1:6. Die Menge des Wassers bestimmt die Dicke des Breis (reine Geschmackssache). Der Reis quillt unwahrscheinlich auf, nehmen Sie also nicht viel. Geben Sie den Reis in einen Topf mit einem schweren Deckel. Wichtig ist, den Reis nach kurzem Aufkochen nur auf kleinster Stufe köcheln zu lassen, da er sonst anbrennt. Kochen Sie den Reis 2-4 Stunden. Je länger er kocht, desto stärkender wirkt er. Wenn Sie das Gericht zum Frühstück essen möchten, können Sie den Reis auch kurz vor dem Zubettgehen aufsetzen. Sicherheitshalber sollten Sie vorher einmal unter Beobachtung für eine ähnlich lange Zeit das Verhalten Ihres Topfes und Herdes prüfen, damit nichts anbrennt.

3.30 Gurkensalat

Gurke kühlt und befeuchtet, entgiftet, unterdrückt Umwandlung von Zucker in Fett, senkt Cholesterinspiegel, beugt Krebs vor, ist harntreibend. Dill wirkt gegen Blähungen, ist krampflösend bei Magen-Darm-Beschwerden.

Anzahl Portionen: 2
Kalorien p. Portion 27
Gramm p. Portion 206
Kochdauer ca. 5 min.
Allergene: O
(Kohlehydrat:68% / Eiweiß & Fett:32%)
100g. ≈: Kohlehydrat 2,1g. BE 0,2 Eiweiß 0,8g. Fette 0,2
Portion: ≈ Kohlehydrat 4,3g. BE 0,4 Eiweiß 1,6g. Fette 0,4
µg. - Ph:5,92 Na:2,32 Ka:35,15 Mg:2,16 Ca:4,03 Fe:0,12 Zn:0,05 Col.:0 Hsr.:1,94

Zutaten:
Gurke 1 Stück / 400g. (ja)
Salz 1 Prise / 1g. (wenig)
Dill 1 Prise / 1g. (ja)
Essig (Apfelessig) 1 EL / 10g. (ja)

Kochanleitung:
Bio-Gurke mit Schale, konventionelle Gurke schälen, dünn schneiden und würzen.

3.31 Gurkensuppe

Kühlt und befeuchtet, harntreibend, entgiftend, unterdrückt Umwandlung von Zucker in Fett, senkt Cholesterinspiegel, beugt Krebs vor, fördert Verdauung, schweißtreibend, reduziert Wind.
Anzahl Portionen: 4

Kalorien p. Portion 96
Gramm p. Portion 235,38
Kochdauer ca. 20 min.
Allergene: M
(Kohlehydrat:22,18% / Eiweiß & Fett:77,82%)
100g. ≈: Kohlehydrat 1,2g. BE 0,1 Eiweiß 0,4g. Fette 3,8
Portion: ≈ Kohlehydrat 2,8g. BE 0,2 Eiweiß 0,9g. Fette 9
µg. - Ph:2,67 Na:1,28 Ka:15,59 Mg:1,17 Ca:2,57 Fe:0,06 Zn:0,01 Col.:0 Hsr.:0,85

Zutaten:
Olivenöl 2 EL / 35g. (ja)
Gurke 2 Stück / 400g. (ja)
Wasser 1/2 Liter / 500g. (ja)
Salbei 3 Blätter / 3g. (ja)
Senf 1/2 TL / 0,5g. (wenig)
Koriander 1 Prise / 1g. (ja)
Kardamom 1 Prise / 1g. (wenig)
Salz 1 Prise / 1g. (wenig)

Kochanleitung:
Öl erhitzen und die klein geschnittenen Gurken kurz darin anbraten.
Senfkörner, Koriander, Kardamom und Salz dazugeben
und kurz mitbraten. Mit dem Wasser übergießen und 10-15 Min.
köcheln lassen. Pürieren und mit frisch gehacktem Salbei garnieren.

3.32 Hafer-Congee

Stärkt Abwehrkraft, unterstützt Wehen.
Anzahl Portionen: 3
Kalorien p. Portion 162
Gramm p. Portion 275
Kochdauer ca. 2-4 Stunden
Allergene: A
(Kohlehydrat:73,58% / Eiweiß & Fett:26,42%)
100g. ≈: Kohlehydrat 10g. BE 0,8 Eiweiß 2,6g. Fette 1
Portion: ≈ Kohlehydrat 27,6g. BE 2,3 Eiweiß 7g. Fette 2,9
µg. - Ph:17,27 Na:0,69 Ka:17,93 Mg:6,8 Ca:5,45 Fe:0,3 Zn:0,09 Col.:0 Hsr.:7,53

Zutaten:
Hafer 1 Tasse / 125g. (ja)
Wasser 6 Tassen / 700g. (ja)

Kochanleitung:
Hafer und Wasser in einem Verhältnis von etwa 1:6 kochen. Die Menge
des Wassers bestimmt die Dicke des Breis (reine Geschmackssache).
Der Hafer quillt auf, nehmen Sie also nicht zu viel. Geben Sie den Hafer
in einen Topf mit guter Isolierung und schwerem Deckel. Wichtig ist,

den Hafer nach kurzem Aufkochen nur noch auf kleinster Flamme köcheln zu lassen, da er sonst anbrennt. Kochen Sie den Hafer 2-4 Stunden. Je länger er gekocht hat, desto stärkender wirkt er.

3.33 Haferflockensuppe mit Frühlingszwiebeln und Karotten

Senkt Blutdruck, ist bakterizid, stärkt Immunsystem, beugt Krebs vor, reduziert Strahlenverletzungen, regt Verdauung an, reduziert Schmerzen, fördert Appetit, löst Stagnation.

Anzahl Portionen: 3
Kalorien p. Portion 135
Gramm p. Portion 266,33
Kochdauer ca. 30 min.
Allergene: AG
(Kohlehydrat:64,93% / Eiweiß & Fett:35,07%)
100g. ≈: Kohlehydrat 6,6g. BE 0,5 Eiweiß 1,5g. Fette 2,1
Portion: ≈ Kohlehydrat 17,5g. BE 1,5 Eiweiß 3,9g. Fette 5,6
µg. - Ph:11,02 Na:3,09 Ka:23,66 Mg:4,24 Ca:7,66 Fe:0,29 Zn:0,05 Col.:0,5 Hsr.:4,9

Zutaten:
Hafer 6 EL / 48g. (ja)
Karotte (Mohrrübe, Möhre) 2 Stück / 200g. (ja)
Butter Bio 1 EL / 15g. (ja)
Muskatnuss 1 Prise / 1g. (ja)
Liebstöckel 1 Stiel / 15g. (ja)
Zwiebel Frühlingszwiebel 2 Stück / 40g. (ja)
Wasser 1/2 Liter / 480g. (ja)

Kochanleitung:
Haferflocken in Butter anrösten, Salz und Gewürze zugeben, mit Wasser aufgießen und aufkochen lassen. Nach 10 Min. die geriebenen Karotten und den Liebstöckel zufügen und weitere 10 Min. kochen. Zwiebeln fein schneiden und dazugeben.

3.34 Herzhafter Polentabrei

Stärkt Milz und Magen, harntreibend, fördert Verdauung, entgiftet, treibt Schweiß, reduziert Blutfett, regt an, löst Stagnation, fördert Appetit.

Anzahl Portionen: 2
Kalorien p. Portion 262
Gramm p. Portion 207,5
Kochdauer ca. 10 Min.
(Kohlehydrat:80% / Eiweiß & Fett:20%)

100g. ≈: Kohlehydrat 22,1g. BE 1,8 Eiweiß 2,7g. Fette 2,9
Portion: ≈ Kohlehydrat 45,9g. BE 3,8 Eiweiß 5,7g. Fette 5,9
µg. - Ph:6,71 Na:0,73 Ka:11,2 Mg:2,2 Ca:2,17 Fe:0,09 Zn:0,05 Col.:0 Hsr.:2,46

Zutaten:
Mais Gries (Polenta) 1 Tasse / 120g. (ja)
Zwiebel Frühlingszwiebel 2 Stück / 40g. (ja)
Ingwer frisch 1/2 TL / 2g. (ja)
Muskatnuss 1 Prise / 1g. (ja)
Salz 1 Prise / 1g. (wenig)
Olivenöl 1 EL / 10g. (ja)
Kurkuma (Gelbwurz) 1 Prise / 1g. (wenig)
Wasser 2 Tassen / 240g. (ja)

Kochanleitung:
Polenta in kochendes Wasser einrühren und quellen lassen.
Frühlingszwiebel, geriebenen Ingwer, Kurkuma, Muskat, Salz und
Olivenöl zugeben und weiter ziehen lassen.

3.35 Kalte Kirschsuppe mit Quarkklößchen

Fördert die Durchblutung, lindert Entzündungen, abführend, stärkende
Wirkung auf die Verdauung, reinigt und beruhigt den Darm. Gut bei
Körperschwäche, Magendruck, Aufstoßen, Diabetes, akute oder
chronische Verstopfung.

Anzahl Portionen: 2
Kalorien p. Portion 320
Gramm p. Portion 314,5
Kochdauer ca. 2 Stunden
Allergene: GO
(Kohlehydrat:69,75% / Eiweiß & Fett:30,25%)
100g. ≈: Kohlehydrat 17g. BE 1,4 Eiweiß 2,5g. Fette 4,8
Portion: ≈ Kohlehydrat 53,4g. BE 4,5 Eiweiß 8g. Fette 15,2
µg. - Ph:24,08 Na:6,18 Ka:60,77 Mg:5,2 Ca:21,84 Fe:0,17 Zn:0,05 Col.:1,47 Hsr.:4,76

Zutaten:
Kirschenkompott 450 g. / 450g. (wenig)
Agar-Agar, Agartang 1/2 TL / 1,5g. (ja)
Topfen (Quark) 20% 100 g. / 100g. (wenig)
Sauerrahm 15% Fett 50 g. / 50g. (wenig)
Vanillezucker natur 1 Paket / 1g. (ja)
Zucker braun 1 EL / 10g. (ja)
Zimtpulver 1 Prise / 0,5g. (wenig)
Zitrone Schale 1 Prise / 1g. (ja)
Wasser 2 EL / 15g. (ja)

Kochanleitung:

Kirschkompott abseihen. Die Hälfte der Kirschen und den Kirschsaft mit dem Mixer fein pürieren und durch ein Sieb streichen. Das Agar-Agar-Pulver mit 2 EL kalten Wasser glatt rühren und das Kirschpüree unter Rühren zum Kochen bringen. Agar-Agar-Lösung untermischen und das Kirschpüree 1 Min. unter Rühren leicht kochen lassen. Heißes Kirschpüree auf zwei Suppenteller verteilen und die restlichen Kirschen in die Suppe geben. Kirschsuppe 2 Std. kalt stellen, bis sie leicht geliert. Mit dem Handmixer Quark, Sauerrahm, Zucker, Vanillezucker, Zimt und Zitronenschale zu einer glatten, festen Creme rühren. Aus der Creme mit dem Esslöffel kleine Klößchen stechen und in die Kirschsuppe setzen.

3.36 Karotten- Reisschleimsuppe

Gegen Durchfall, bei Fieber, bakterizid, stärkt Immunsystem, senkt Blutdruck.

Anzahl Portionen: 1
Kalorien p. Portion 101
Gramm p. Portion 224
Kochdauer ca. 10 Min.
Allergene:
(Kohlehydrat:96% / Eiweiß & Fett:4%)
100g. ≈: Kohlehydrat 30,7g. BE 2,6 Eiweiß 1,1g. Fette 0,2
Portion: ≈ Kohlehydrat 68,7g. BE 5,7 Eiweiß 2,4g. Fette 0,4
µg. - Ph:27,48 Na:20,34 Ka:65,63 Mg:170,89 Ca:178,57 Fe:1,03 Zn:0,34 Col.:0 Hsr.:12,3

Zutaten:

Grundrezept für eine Reissuppe 1 Tasse / 120g. (wenig)
Karotte (Mohrrübe, Möhre) 2 Stück / 100g. (ja)
Salz 1 TL / 4g. (wenig)

Kochanleitung:

Karotten schälen und reiben. Die Reissuppe aufkochen und die geriebenen Karotten sowie Salz zufügen. 10 Min. kochen.

3.37 Karotten-Kartoffel-Rucola Brötchen

Lindert Entzündungen, verbessert Verdauung, harntreibend, senkt Cholesterinspiegel, stärkt Immunsystem, beugt Krebs vor, löst Verstopfung (ballaststoffreich), löst Stagnation.

Anzahl Portionen: 4
Kalorien p. Portion 94

Gramm p. Portion 116,25
Kochdauer ca. 20 Min.
Allergene: AG
(Kohlehydrat:55% / Eiweiß & Fett:45%)
100g. ≈: Kohlehydrat 5,9g. BE 0,5 Eiweiß 2,3g. Fette 2,4
Portion: ≈ Kohlehydrat 6,8g. BE 0,6 Eiweiß 2,7g. Fette 2,8
µg. - Ph:4,15 Na:4,56 Ka:16,7 Mg:1,23 Ca:1,78 Fe:0,06 Zn:0,03 Col.:0,25 Hsr.:1,27

Zutaten:
Kartoffel (mehlige) 200 g / 200g. (wenig)
Karotte (Mohrrübe, Möhre) 1 Stück / 50g. (ja)
Sauerrahm 15% Fett 3 EL / 45g. (wenig)
Zwiebel Frühlingszwiebel 1 Stück / 20g. (ja)
Rucola Rauke 1/2 Bund / 100g. ()
Zitrone Schale 1/4 TL / 1g. (ja)
Salz 1 Prise / 1g. (wenig)
Pfeffer gemahlen 1 Prise / 0,2g. (ja)
Vollkornbrot 8 Scheiben / 48g. (wenig)

Kochanleitung:
Kartoffeln in der Schale weich kochen, abziehen und durch die
Kartoffelpresse drücken. Gemüsebrühe nach Grundrezept kochen und
eine Karotte nach kurzer Garzeit herausnehmen und mit der Gabel fein
zerdrücken. Kartoffeln, Karotten, abgeriebene Zitronenschale und
Sauerrahm zu einer glatten Creme verrühren. Karotten-Kartoffel-Creme
mit fein geschnittenem Rucola verrühren. Den Aufstrich mit Salz und
Pfeffer abschmecken und die Brote bestreichen. Mit den fein
geschnittenen Jungzwiebeln bestreuen.

3.38 Karotten-Risotto

Stärkt Immunsystem, beugt Krebs vor, löst Stagnation, regt
Leberfunktion an. Gut bei Appetitlosigkeit, Blähungen, Bluthochdruck,
Depressionen, Diabetes, Durchfall.
Anzahl Portionen: 2
Kalorien p. Portion 308
Gramm p. Portion 340,8
Kochdauer ca. 45 Min.
Allergene: GL
(Kohlehydrat:83,67% / Eiweiß & Fett:16,33%)
100g.≈ Eiweiß 8,5g. Fett:5,99g.
µg. - Ph:27,11 Na:19,13 Ka:58,22 Mg:32,31 Ca:116,16 Fe:0,67 Zn:0,11 Col.:0,3
Hsr.:14,66

Zutaten:
Olivenöl 1/2 EL / 5g. (ja)
Zwiebel Frühlingszwiebel 2 EL / 7g. (ja)
Muskatnuss 1 Prise / 0,3g. (ja)
Petersilie 1/2 Bund / 25g. (ja)
Reis Sorte beliebig 100 g. / 100g. (ja)
Karotte (Mohrrübe, Möhre) 250 g. / 250g. (ja)
Grundrezept für eine Gemüsebrühe 300 ml. / 280g. (wenig)
Fenchelsamen gemahlen 1/4 TL / 1g. (ja)
Basilikum (frisch) 1/2 TL / 2g. (ja)
Salz 1 Prise / 1g. (wenig)
Pfeffer gemahlen 1 Prise / 0,3g. (ja)
Parmesan 1 EL / 10g. (weniger als angegeben)

Kochanleitung:
In einer flachen Pfanne das Öl erhitzen, die Zwiebeln darin glasig und sehr weich dünsten. Petersilie zugeben und kurz andünsten. Reis, Karotten und Muskat zufügen und unter Rühren kurz andünsten. Mit der Gemüsebrühe aufgießen, mit Fenchel und Basilikum würzen, alles zum Kochen bringen und ca. 20 Min. kochen, bis Reis und Karotten gut durch sind. Dabei ab und zu umrühren und bei Bedarf etwas Gemüsebrühe nachgießen. Das Risotto soll leicht suppig sein. Kurz vor Ende der Garzeit den Weißwein untermischen und das Risotto noch kurz aufköcheln lassen, dann vom Herd nehmen und Parmesan untermischen.

3.39 Kartoffel-Gnocchi mit Gemüse und Basilikumsoße

Stärkt Immunsystem, fördert Gewichtsabnahme, entkrampft, beruhigt.
Gut bei Abwehrschwäche, Appetitlosigkeit, Blähungen, Bluthochdruck.
Anzahl Portionen: 4
Kalorien p. Portion 166
Gramm p. Portion 290,25
Kochdauer ca. 1 Stunde
Allergene: ACGL
(Kohlehydrat:75% / Eiweiß & Fett:25%)
100g. ≈: Kohlehydrat 11,4g. BE 1 Eiweiß 2,3g. Fette 1,6
Portion: ≈ Kohlehydrat 33,2g. BE 2,8 Eiweiß 6,5g. Fette 4,6
µg. - Ph:3,26 Na:1,11 Ka:13,57 Mg:2,45 Ca:9,39 Fe:0,06 Zn:0,02 Col.:1,36 Hsr.:1,49

Zutaten:
Kartoffel 250 g. / 250g. (wenig)
Weizen Mehl 25 g. / 25g. (ja)
Weizen Gries 15 g. / 15g. (ja)
Huhn Eigelb 1 Stück / 20g. (ja)

Muskatnuss 1 Prise / 0,2g. (ja)
Grundrezept für eine Gemüsebrühe 250 ml. / 250g. (wenig)
Sellerie Knolle 50 g. / 50g. (ja)
Zitrone Schale 1/2 TL / 2g. (ja)
Ingwer frisch 1/2 TL / 2g. (ja)
Muskatnuss 1 Prise / 0,2g. (ja)
Basilikum (frisch) 1 Bund / 125g. (ja)
Creme fraîche 1 EL / 20g. (ja)
Salz 1 Prise / 1g. (wenig)
Pfeffer gemahlen 1 Prise / 0,2g. (ja)
Karotte (Mohrrübe, Möhre) 100 g. / 100g. (ja)
Zucchini 100 g. / 100g. (ja)
Blumenkohl (Karfiol) 100 g. / 100g. (ja)
Brokkoli 100 g. / 100g. (wenig)
Salz 1 Prise / 1g. (wenig)

Kochanleitung:
Kartoffeln in der Schale weich dämpfen, abziehen und heiß durch die
Kartoffelpresse drücken. Die heißen Kartoffeln mit Mehl, Grieß, Ei,
Muskat und Salz zu einem glatten Teig verarbeiten. Teig 3o Min. ruhen
lassen. Aus dem Teig mit mehlbestäubten Händen kleine Röllchen (2
cm) formen und davon 1 cm dünne Scheibchen abschneiden. Damit die
typische Gnocchiform entsteht, die Teigscheibchen mit dem Daumen
etwas eindellen. Gnocchi in leicht kochendem Salzwasser 6-8 Min.
ziehen lassen und mit dem Schaumlöffel aus dem Topf heben.
Gemüsebrühe zum Kochen bringen. Würfelig geschnittenen Sellerie,
geriebene Zitronenschale, feingehackten Ingwer und eine gute Prise
Muskat zufügen. Zugedeckt ca. 10 Min. köcheln lassen und alles
zusammen mit gehacktem Basilikum und der Crème fraîche mit dem
Mixstab zu einer glatten Soße pürieren. Mit Salz und Muskat
abschmecken. Karotten, Zucchini, Blumenkohl und Brokkoli
kleinschneiden und zugedeckt in einem Siebeinsatz über Wasserdampf
in 8 Min. bissfest garen. Soße nochmals erhitzen, zum Gemüse geben
und über den Gnocchi anrichten.

3.40 Kartoffellaibchen mit Schinken

Verbessert Verdauung, unterstützt das Wasserlassen, senkt
Cholesterinspiegel, stärkt Immunsystem, stärkt Magen, löst Stagnation.

Anzahl Portionen: 2
Kalorien p. Portion 486
Gramm p. Portion 312,35
Kochdauer ca. 45 Min.
Allergene: ACGL

(Kohlehydrat:47,2% / Eiweiß & Fett:52,8%)
100g. ≈: Kohlehydrat 12,9g. BE 1,1 Eiweiß 3,5g. Fette 10,9
Portion: ≈ Kohlehydrat 40,1g. BE 3,3 Eiweiß 10,8g. Fette 34,1
µg. - Ph:24,69 Na:9,45 Ka:105,45 Mg:15,41 Ca:42,89 Fe:0,23 Zn:0,09 Col.:2,84 Hsr.:9,78

Zutaten:
Kartoffel 300 g. / 300g. (wenig)
Huhn Eiweiß 1 Stück / 25g. (ja)
Salz 1 Prise / 1g. (wenig)
Pfeffer gemahlen 1 Prise / 0,5g. (ja)
Muskatnuss 1 Prise / 0,2g. (ja)
Lauchzwiebel Schnittlauch 1 TL / 5g. (ja)
Rapsöl 2 EL / 15g. (ja)
Butter Bio 20 g. / 20g. (ja)
Weizen Mehl 10 g. / 10g. (ja)
Zwiebel weiss 2 EL / 18g. (ja)
Sahne, süß 30% 100 ml. / 100g. (wenig)
Grundrezept für eine Gemüsebrühe 100 ml. / 90g. (wenig)
Schwein Schinken gekocht 40 g. / 40g. (wenig)

Kochanleitung:
Die Kartoffeln kochen, schälen und zerstampfen. Das Eiklar, Gewürze
und den Schnittlauch einmischen. Aus der Masse die Laibchen formen.
In einer Pfanne mit Öl, die Laibchen knusprig backen. In einem Topf,
die Zwiebel in der Butter glasig anrösten, das Mehl drüberstreuen und
verrühren. Mit der Gemüsebrühe übergießen und gut verrühren. Die
Sahne mit einem Schneebesen einrühren und kurz aufkochen. Den
Schinken klein würfeln und beimengen.

3.41 Kartoffeln mit Löwenzahnsalat

Stärkt Milz, lindert Entzündungen, regeneriert Haut, harntreibend, senkt
Cholesterinspiegel, entgiftet, stärkt Magen und Verdauungssystem,
bakterizid, löst Stagnation.
Anzahl Portionen: 2
Kalorien p. Portion 162
Gramm p. Portion 203,25
Kochdauer ca. 25 min.
(Kohlehydrat:70,33% / Eiweiß & Fett:29,67%)
100g. ≈: Kohlehydrat 11,5g. BE 1 Eiweiß 2,1g. Fette 2,8
Portion: ≈ Kohlehydrat 23,4g. BE 2 Eiweiß 4,3g. Fette 5,6
µg. - Ph:26,55 Na:13,01 Ka:175,89 Mg:11,87 Ca:27,38 Fe:0,61 Zn:0,14 Col.:0,01
Hsr.:14,21

Zutaten:
Kartoffel 250 g. / 250g. (wenig)
Zwiebel weiss 1/2 Stück / 20g. (ja)
Sonnenblumenöl 1 EL / 10g. (wenig)
Löwenzahn (junger) 125 g. / 125g. (ja)
Salz 1 Prise / 1g. (wenig)
Pfeffer weiss (gemahlen) 1 Prise / 0,5g. (ja)

Kochanleitung:
Die Kartoffeln in Salzwasser garen und in dünne Scheiben schneiden.
Löwenzahnblätter klein schneiden. Feingehackte Zwiebel und Öl
dazugeben, mit Salz und Pfeffer würzen und alles vermischen.

3.42 Kohlrabi in Kerbelsoße mit Kartoffeln

Lindert Entzündungen, senkt Cholesterinspiegel, harntreibend, leitet
Darmwinde ab, stärkt Immunsystem, beugt Krebs vor, fördert
Gewichtsabnahme. Gut bei Appetitlosigkeit, Blähungen, Bluthochdruck,
Depressionen, Diabetes, Durchfall.

Anzahl Portionen: 4
Kalorien p. Portion 188
Gramm p. Portion 316,85
Kochdauer ca. 1 Stunde
Allergene: GL
(Kohlehydrat:79,34% / Eiweiß & Fett:20,66%)
100g. ≈: Kohlehydrat 13,6g. BE 1,1 Eiweiß 2,7g. Fette 0,8
Portion: ≈ Kohlehydrat 42,9g. BE 3,6 Eiweiß 8,7g. Fette 2,5
µg. - Ph:11,79 Na:4,12 Ka:100,2 Mg:13,9 Ca:60,61 Fe:0,16 Zn:0,02 Col.:0,06 Hsr.:3,63

Zutaten:
Kartoffel 6 Stück / 450g. (wenig)
Grundrezept für eine Gemüsebrühe 300 ml. / 300g. (wenig)
Kartoffel 100 g. / 100g. (wenig)
Muskatnuss 1 Prise / 0,2g. (ja)
Zitrone Schale 1/2 TL / 2g. (ja)
Ingwer frisch 1/2 TL / 2g. (ja)
Liebstöckel 1/2 TL / 2g. (ja)
Kohlrabi 300 g. / 300g. (wenig)
Salz 1 Prise / 1g. (wenig)
Pfeffer gemahlen 1 Prise / 0,2g. (ja)
Sauerrahm 15% Fett 3 EL / 30g. (wenig)
Kerbel getrocknet 1 Bund / 80g. (ja)

Kochanleitung:
Die 6 Kartoffeln in Salzwasser weich kochen. Die Hälfte der
Gemüsebrühe zum Kochen bringen. 100G gewürfelte Kartoffeln,
Muskat, Zitronenschale, Ingwer und Liebstöckel dazugeben. Kartoffeln
zugedeckt ca. 10 Min. weich kochen und alles mit dem Mixstab zu einer
glatten Soße pürieren. Restliche Gemüsebrühe zum Kochen bringen.
Kohlrabi in Würfel schneiden, zufügen und zugedeckt ca. 8 Min.
kochen. Die Kartoffelsoße unterrühren und alles kurz erhitzen. Mit dem
Mixstab Kerbel und Sauerrahm fein pürieren. Die Kerbelcreme mit dem
Kohlrabigemüse vermischen und mit den gekochten und geschälten
Kartoffeln anrichten.

3.43 Kokos Limetten Kuchen

Wirkt bei Appetitlosigkeit, nährt und stärkt Körper. Leicht abführend.
Anzahl Portionen: 4
Kalorien p. Portion 876
Gramm p. Portion   237,75
Kochdauer ca.   45 Min.
Allergene: ACG
(Kohlehydrat:50,91% / Eiweiß & Fett:49,09%)
100g. ≈: Kohlehydrat 30,5g. BE 2,5 Eiweiß 6,3g. Fette 23,1
Portion: ≈ Kohlehydrat 72,6g. BE 6,1 Eiweiß 15g. Fette 55
µg. - Ph:32,48 Na:8,22 Ka:41,8 Mg:7,28 Ca:9,73 Fe:0,38 Zn:0,06 Col.:3,2 Hsr.:

Zutaten:
Wasser 4 EL / 5g. (ja)
Zucker Glukose Traubenzucker 60 g. / 60g. (ja)
Zitrone, Limette 2 Stück / 20g. (ja)
Weizen Mehl 300 g. / 300g. (ja)
Speisenatron 2 TL / 5g. ()
Salz 1 Prise / 1g. (wenig)
Huhn Ei 2 Stück / 120g. (ja)
Rapsöl 160 g. / 160g. (ja)
Kefir 200 ml. / 200g. (wenig)
Kokosraspeln 80 g. / 80g. (ja)

Kochanleitung:
Von einer Bio Limette die Schale abreiben und auspressen. In einem
Topf das Wasser, den Traubenzucker und den Limettensaft von beiden
Limetten 3-5 Minuten zu einem Sirup eindicken. In einer Schüssel das

Mehl, Speisenatron, Traubenzucker und Salz mischen. Den Saft einer Limette, die Limettenraspeln, Eier, Öl und Kefir untermischen und ein paar Minuten verrühren. Eine Backform mit Backpapier auslegen und den Teig darin glatt verstreichen. In einem vorgeheizten Rohr bei 200°C ca. 20 Minuten backen. Den Kuchen noch heiß mehrmals anstechen, den Sirup darüber verteilen und mit den Kokosraspeln bestreuen.

3.44 Kürbissuppe

Fördert Verdauung, stärkt Magen und Milz, senkt Blutdruck, bakterizid, stärkt Immunsystem, beugt Krebs vor, reduziert Strahlenverletzungen, regeneriert Haut, senkt Cholesterinspiegel, senkt Blutzucker, schützt Leber.

Anzahl Portionen: 3
Kalorien p. Portion 105
Gramm p. Portion   236,33
Kochdauer ca.   1 Stunde
(Kohlehydrat:71,28% / Eiweiß & Fett:28,72%)
100g. ≈: Kohlehydrat 6,5g. BE 0,5 Eiweiß 1,1g. Fette 1,5
Portion: ≈ Kohlehydrat 15,4g. BE 1,3 Eiweiß 2,5g. Fette 3,6
µg. - Ph:12,07 Na:2,89 Ka:74,17 Mg:5,47 Ca:8,67 Fe:0,24 Zn:0,02 Col.:0 Hsr.:3,26

Zutaten:
Kürbis 300 g. / 300g. (ja)
Karotte (Mohrrübe, Möhre) 2 Stück / 100g. (ja)
Kartoffel 2 Stück / 120g. (wenig)
Olivenöl 1 EL / 10g. (ja)
Zwiebel weiss 1 Stück / 50g. (ja)
Wasser 1 Tasse / 120g. (ja)
Petersilie 1 EL / 7g. (ja)
Anis (gemeiner Fenchel) 1 Prise / 1g. (ja)
Salz 1 Prise / 1g. (wenig)

Kochanleitung:
Olivenöl in einer Pfanne erhitzen. In Würfel geschnittenen Kürbis, gewürfelte Karotten und Kartoffeln dazugeben und kurz anbraten. Klein geschnittene Zwiebel zugeben, mit Wasser auffüllen (Gemüse mindestens drei fingerbreit bedecken), aufkochen und leise köcheln lassen. Mit Meersalz und einer Prise Anis würzen, klein geschnittene Petersilie dazugeben. Alles zusammen ca. 35 Min. köcheln lassen. Anschließend die Suppe pürieren und evtl. Wasser zugeben, je nach Konsistenz.

3.45 Lasagne mit Tofucreme

Harmonisiert Milz und Magen, lindert Blähungen, schont die
Verdauungsorgane, wirkt bei Appetitlosigkeit, Darmentzündung,
Magengeschwür, Rheuma, Sodbrennen, Zwölffingerdarmgeschwür.

Anzahl Portionen: 4
Kalorien p. Portion 301
Gramm p. Portion 231
Kochdauer ca. 45 Min.
Allergene: ACEG
(Kohlehydrat:49,88% / Eiweiß & Fett:50,12%)
100g. ≈: Kohlehydrat 13,4g. BE 1,1 Eiweiß 8,4g. Fette 5,1
Portion: ≈ Kohlehydrat 31g. BE 2,6 Eiweiß 19,3g. Fette 11,9
µg. - Ph:35,07 Na:14,02 Ka:27,57 Mg:16,2 Ca:29,05 Fe:0,36 Zn:0,05 Col.:3,83 Hsr.:15,29

Zutaten:
Soja Tofu 400 g. / 400g. (wenig)
Huhn Ei 2 Stück / 100g. (ja)
Zwiebel weiss 2 Stück / 120g. (ja)
Tomate 100 g. / 100g. (ja)
Oregano getrocknet 1 Prise / 1g. (ja)
Majoran 1 Prise / 1g. (ja)
Paprika (Rosenpaprikapulver) 1 Prise / 1g. (wenig)
Salz 1 Prise / 1g. (wenig)
Nudeln (Weizen, Lasagneblätter) mit Ei 150 g. / 150g. (empfehlenswert)
Edamer 50 g. / 50g. (wenig)

Kochanleitung:
Tofucreme: Tofu mit Eiern, Zwiebeln, kleinen Tomaten, Oregano,
Majoran, Paprika und etwas Jodsalz mit einer Küchenmaschine mit
Messereinsatz oder einem Pürierstab zu einer glatten Masse
verarbeiten. Lasagne: In eine Auflaufform (ca. 25 x 15 cm) 1/5 der
Tofucreme geben, mit 3 Lasagneblätter abdecken, diesen Vorgang
noch 2 x wiederholen und abschließend das letzte Fünftel der
Tofucreme über die Teigplatten streichen. Mit etwas geriebenem
Edamer bestreuen und im Backofen bei 175 Grad ca. 30 Min. backen.

3.46 Linsen-Kastanien-Suppe mit Curry

Senkt Blutdruck, bakterizid, stärkt Immunsystem, beugt Krebs vor,
reduziert Strahlenverletzungen, stärkt Magen, löst Stagnation, fördert
Gewichtsabnahme. Gut bei Abwehrschwäche, Appetitlosigkeit,
Blähungen, Bluthochdruck, Depressionen, Diabetes, Durchfall

Anzahl Portionen: 4
Kalorien p. Portion   175
Gramm p. Portion   238,25
Kochdauer ca.   45 Min.
Allergene: LO
(Kohlehydrat:83% / Eiweiß & Fett:17%)
100g. ≈: Kohlehydrat 17,9g. BE 1,5 Eiweiß 1,8g. Fette 1,8
Portion: ≈ Kohlehydrat 42,6g. BE 3,5 Eiweiß 4,2g. Fette 4,3
µg. - Ph:2,67 Na:3,8 Ka:7,98 Mg:4,63 Ca:15,86 Fe:0,06 Zn:0,02 Col.:0 Hsr.:2,07

Zutaten:
Linsen rot 150 g. / 150g. (wenig)
Kastanien (Maronen) 150 g. / 150g. (wenig)
Olivenöl 1 EL / 10g. (ja)
Curry 2 TL / 8g. (ja)
Kurkuma (Gelbwurz) 1 TL / 2g. (wenig)
Grundrezept für eine Gemüsebrühe 1/2 Liter / 500g. (wenig)
Weißwein 1/8 Liter / 125g. (wenig)
Salz Kräutersalz 1 Prise / 1g. (wenig)
Anis (gemeiner Fenchel) 1 Prise / 1g. (ja)
Kardamom 1 Prise / 0,5g. (wenig)
Petersilie 2 EL / 6g. (ja)

Kochanleitung:
Olivenöl in eine Pfanne geben, Kastanien darin kurz andünsten, Curry
drüberstreuen, Linsen zugeben und mit Gemüsebrühe aufgießen. Ganz
wenig Weißwein zugeben, Kurkuma untermischen, aufkochen lassen
und rund 20 Min. köcheln lassen, bis die Kastanien weich sind.
Anschließend die Suppe pürieren und abschmecken mit einer Prise
Anis, Kardamom und Kräutersalz. Am Schluss klein geschnittene
Petersilie drüberstreuen.

3.47 Obstsaftgetränk

Stoppt Durchfall, fördert Verdauung, appetitanregend, harmonisiert
Magen, lindert Schmerzen, entgiftet, bakterizid, senkt Blutdruck, stärkt
Immunsystem, beugt Krebs vor, reduziert Strahlenverletzungen.
Anzahl Portionen: 2
Kalorien p. Portion   175
Gramm p. Portion   305
Kochdauer ca.   10 Min.
(Kohlehydrat:93% / Eiweiß & Fett:7%)
100g. ≈: Kohlehydrat 12,9g. BE 1,1 Eiweiß 0,6g. Fette 0,3
Portion: ≈ Kohlehydrat 39,4g. BE 3,3 Eiweiß 1,9g. Fette 0,9
µg. - Ph:4,99 Na:2,24 Ka:37,45 Mg:2,36 Ca:6,04 Fe:0,21 Zn:0,05 Col.:0 Hsr.:4,3

Zutaten:
Orange 2 Stück / 150g. (wenig)
Apfel (süß) 4 Stück / 300g. (wenig)
Karotte (Mohrrübe, Möhre) 2 Stück / 150g. (ja)
Honig 1 EL / 10g. (ja)

Kochanleitung:
Orangen und Karotten schälen, alle Zutaten würfelig schneiden, damit sie in die Saftpresse passen und entsaften, mit Honig süßen.

3.48 Palatschinken mit Gemüse

Harntreibend, fördert die Verdauung, stärkt Magen-Darm-Funktion, erweitert Blutgefäße, bakterizid.

Anzahl Portionen: 2
Kalorien p. Portion 563
Gramm p. Portion 356,85
Kochdauer ca. 25 Min.
Allergene: ACG
(Kohlehydrat:45,17% / Eiweiß & Fett:54,83%)
100g. ≈: Kohlehydrat 11,4g. BE 1 Eiweiß 3,7g. Fette 10,2
Portion: ≈ Kohlehydrat 40,7g. BE 3,4 Eiweiß 13,1g. Fette 36,4
µg. - Ph:37,53 Na:8,03 Ka:83,24 Mg:8,24 Ca:11,92 Fe:0,53 Zn:0,17 Col.:8,32 Hsr.:

Zutaten:
Weizen Mehl 100 g. / 100g. (ja)
Huhn Ei 1 Stück / 60g. (ja)
Wasser 200 g. / 100g. (ja)
Speisenatron 1/2 TL / 2g. ()
Salz 1 Prise / 1g. (wenig)
Rapsöl 3 EL / 25g. (ja)
Zwiebel weiss 2 Stück / 100g. (ja)
Champignon 100 g. / 100g. (ja)
Paprika 1 Stück / 25g. (ja)
Zucchini 100 g. / 100g. (ja)
Salz 1 Prise / 0,5g. (wenig)
Pfeffer gemahlen 1 Prise / 0,2g. (ja)
Creme fraîche 100 g. / 100g. (ja)

Kochanleitung:
Teig: Mehl, Ei, Wasser, Sahne, Salz und Natron zu einem Teig rühren.
10 Minuten ruhen lassen. In einer Pfanne mit Rapsöl zwei Pfannkuchen
backen. Fülle: Zwiebeln in Rapsöl andünsten, gewürfelte Paprika und
Zucchini in Scheiben zugeben und etwa 5 min garen. Mit Salz und
Pfeffern abschmecken. Creme fraîche zugeben und die Pfannkuchen
mit dem Gemüse füllen.

3.49 Palatschinken mit Lauch

Appetitanregend, viele Spurenelemente und Vitamine. Fördert
Schwitzen, löst Stagnation.

Anzahl Portionen: 2
Kalorien p. Portion 807
Gramm p. Portion 331,3
Kochdauer ca. 20 Min.
Allergene: ACG
(Kohlehydrat:39,61% / Eiweiß & Fett:60,39%)
100g. ≈: Kohlehydrat 13,1g. BE 1,1 Eiweiß 5,5g. Fette 14,5
Portion: ≈ Kohlehydrat 43,5g. BE 3,6 Eiweiß 18,2g. Fette 48,2
µg. - Ph:38,39 Na:82,79 Ka:66,55 Mg:8,55 Ca:21,32 Fe:0,41 Zn:0,17 Col.:9,02 Hsr.:25,3

Zutaten:
Weizen Mehl 100 g. / 100g. (ja)
Huhn Ei 1 Stück / 60g. (ja)
Wasser 200 g. / 100g. (ja)
Sahne, süß 30% 50 g. / 50g. (wenig)
Speisenatron 1/2 TL / 2g. ()
Salz 1 Prise / 0,5g. (wenig)
Rapsöl 3 EL / 20g. (ja)
Lauch (Porree) 150 g. / 140g. (ja)
Schwein Schinken 60 g. / 60g. (wenig)
Creme fraîche 125 g. / 125g. (ja)
Kräuter verschiedene 1 EL / 5g. (ja)
Pfeffer gemahlen 1 Prise / 0,1g. (ja)

Kochanleitung:
Teig: Mehl, Ei, Wasser, Sahne, Salz und Natron zu einem Teg rühren.

10 Minuten ruhen lassen. In einer Pfanne mit Rapsöl zwei Pfannkuchen backen. Fülle: Den Lauch in kleine Ringe schneiden und im Öl weich dünsten. Schinken würfeln und mit der Creme fraîche unter den Lauch mischen. Mit Pfeffer abschmecken und die Pfannkuchen füllen.

3.50 Paprika mit Käsefüllung

Fördert Verdauung, reguliert Wasserstoffwechsel, befeuchtet Darm, kühlt innere Hitze. Viele Spurenelemente und Vitamine.

Anzahl Portionen: 2
Kalorien p. Portion 670
Gramm p. Portion 244,05
Kochdauer ca. 1 Stunde
Allergene: ACG
(Kohlehydrat:31,75% / Eiweiß & Fett:68,25%)
100g.≈ Eiweiß 18,63g. Fett:41,53g.
µg. - Ph:71,09 Na:63,1 Ka:52,62 Mg:8,6 Ca:69,26 Fe:0,37 Zn:0,23 Col.:19,2 Hsr.:

Zutaten:
Paprika 1 Stück / 30g. (ja)
Wasser 120 g. / 100g. (ja)
Butter Bio 30 g. / 30g. (ja)
Weizen Mehl 60 g. / 60g. (ja)
Huhn Ei 1 Stück / 60g. (ja)
Huhn Eiweiß 1 Stück / 40g. (ja)
Salz 1 Prise / 0,5g. (wenig)
Gouda 50 g. / 50g. (wenig)
Parmesan 1 EL / 10g. (weniger als angegeben)
Sahne, süß 30% 100 g. / 100g. (wenig)
Kräuter verschiedene 1 EL / 7g. (ja)
Salz 1 Prise / 0,5g. (wenig)
Pfeffer gemahlen 1 Prise / 0,1g. (ja)

Kochanleitung:
Einen großen Paprika halbieren und die Kerne entfernen, in eine feuerfeste Form legen und nach Bedarf salzen. In einem Topf das Wasser mit der Butter aufkochen und das Mehl einrühren, bis sich ein fester Teig bildet und ein Belag am Topfboden entsteht. Den Teig in einer Schüssel abkühlen lassen und das Ei und das Eiklar und den Gouda unterrühren. Die Masse in die Paprika füllen und mit Parmesan bestreuen. Bei 180°C etwa 35 Minuten backen. Für die Sauce die Sahne mit gehackten Kräutern, Pfeffer und Salz mischen und als Beilage servieren.

3.51 Paprika-Tomatenreis

Cholesterin-, eiweiß- und fettarm, stärkt Magen, löst Stagnation, fördert Gewichtsabnahme. Gut bei Abwehrschwäche, Appetitlosigkeit, Blähungen, Bluthochdruck, Diabetes, Depressionen.

Anzahl Portionen: 3
Kalorien p. Portion 291
Gramm p. Portion   324
Kochdauer ca.   25 Min.
Allergene: L
(Kohlehydrat:89% / Eiweiß & Fett:11%)
100g. ≈: Kohlehydrat 24,6g. BE 2 Eiweiß 2,4g. Fette 0,8
Portion: ≈ Kohlehydrat 79,6g. BE 6,6 Eiweiß 7,6g. Fette 2,5
µg. - Ph:10,3 Na:1,31 Ka:15,5 Mg:9,5 Ca:22,5 Fe:0,14 Zn:0,06 Col.:0 Hsr.:4,12

Zutaten:
Zwiebel weiss 1 Stück / 50g. (ja)
Paprika 4 stück / 120g. (ja)
Lorbeerblatt 2 Stück / 1g. (ja)
Nelke 2 Stück / 1g. (ja)
Grundrezept für eine Gemüsebrühe 400 g. / 400g. (wenig)
Reis Vollkorn 200 g / 200g. (ja)
Champignon 60 g. / 60g. (ja)
Petersilie 20 g. / 20g. (ja)
Pfeffer gemahlen 1 Prise / 0,2g. (ja)
Paprika (Rosenpaprikapulver) 1 Prise / 0,2g. (wenig)
Tomate 120 g. / 120g. (ja)

Kochanleitung:
Die Zwiebel fein würfeln und die Paprika in feine Streifen schneiden. Margarine in einem Topf erhitzen, Zwiebel und Paprika sowie Reis darin andünsten und mit der Gemüsebrühe aufgießen. Nelken und Lorbeerblätter dazugeben und im geschlossenen Topf ca. 20 Min. ausquellen lassen. Das Tomatenfleisch in 1 cm große Würfel schneiden und 5 Min. vor Garzeitende zum Reis geben.

3.52 Pikante Tofu-Gemüse-Pfanne

Stärkt Magen, lindert Verstopfung, entgiftet, lindert Entzündungen, verbessert Durchblutung, fördert Schwitzen, löst Stagnation, lindert Blähungen, senkt Blutdruck, bakterizid, stärkt Immunsystem, beugt Krebs vor, reduziert Strahlenverletzungen.

Anzahl Portionen: 4
Kalorien p. Portion 241
Gramm p. Portion   329,38

Kochdauer ca.   25 Min.
Allergene: EN
(Kohlehydrat:67,31% / Eiweiß & Fett:32,69%)
100g. ≈: Kohlehydrat 9,2g. BE 0,8 Eiweiß 2,2g. Fette 2,2
Portion: ≈ Kohlehydrat 30,3g. BE 2,5 Eiweiß 7,4g. Fette 7,3
µg. - Ph:15,05 Na:17,26 Ka:39,42 Mg:9,54 Ca:13,3 Fe:0,3 Zn:0,02 Col.:0,01 Hsr.:7,29

Zutaten:

Sesamöl 2 EL / 20g. (wenig)
Karotte (Mohrrübe, Möhre) 2 Stück / 100g. (ja)
Fenchel 1 Stück / 250g. (ja)
Lauch (Porree) 1 Stück / 200g. (ja)
Salz 1 Prise / 1g. (wenig)
Kurkuma (Gelbwurz) 1 Prise / 1g. (wenig)
Zitrone Saft 1 Spritzer / 1g. (ja)
Soja Tofu 1 Paket / 120g. (wenig)
Pfeffer gemahlen 1 Prise / 0,5g. (ja)
Sojasauce 1 Schuss / 3g. (wenig)
Reis Vollkorn 1 Tasse / 120g. (ja)
Wasser 6 Tassen / 500g. (ja)
Salz 1 Prise / 1g. (wenig)

Kochanleitung:

In einem heißen Wok oder einer heißen Pfanne Sesamöl erhitzen.
Kleingeschnittene Karotten, Fenchel und Lauchscheiben darin anbraten
und mit Salz, einem Spritzer Zitronensaft und Kurkuma würzen.
Tofuwürfel 1-2 Min. mitbraten. Pfeffer dazugeben und zugedeckt etwa 5
Min. schmoren lassen, dann mit Sojasoße beträufeln. Den Reis in
gesalzenem Wasser aufkochen lassen und bei kleiner Hitze ca. 15 Min.
quellen lassen.

3.53 Polenta mit Pfirsich

Lindert Müdigkeit, stärkt Magen, harntreibend, stärkt die Abwehr, gegen
Pilzinfektionen, lässt Gallensaft fließen, beugt Alterungsprozessen vor,
stärkt Gehirnzellen.
Anzahl Portionen: 3
Kalorien p. Portion 197
Gramm p. Portion 254,03
Kochdauer ca.   20 min
(Kohlehydrat:89,44% / Eiweiß & Fett:10,56%)
100g. ≈: Kohlehydrat 16,9g. BE 1,4 Eiweiß 1,8g. Fette 0,2
Portion: ≈ Kohlehydrat 43g. BE 3,6 Eiweiß 4,5g. Fette 0,6
µg. - Ph:8,27 Na:0,36 Ka:35,48 Mg:2,78 Ca:3,07 Fe:0,14 Zn:0,02 Col.:0 Hsr.:4,67

Zutaten:
Wasser 2 Tassen / 240g. (ja)
Mais Gries (Polenta) 1 Tasse / 120g. (ja)
Pfirsich 2-3 Stück / 400g. (wenig)
Vanilleschote 1 Prise / 1g. (ja)
Chili (Schote oder gemahlen) 1 Prise / 0,1g. (ja)
Zimtpulver 1 Prise / 1g. (wenig)

Kochanleitung:
Die Polenta in einen Topf mit heißem Wasser unter ständigem Rühren
einrieseln lassen, bis die gewünschte Konsistenz erreicht ist. Vom Herd
nehmen und ca. 10 Min. ausquellen lassen. Frische Pfirsiche waschen,
vierteln und in die fertige Polenta hineinschneiden. Vanille und nach
Geschmack Chili unterrühren und 3 Min. ziehen lassen. Wintervariante:
eingelegtes Obst, Birne, Apfel.

3.54 Reis Auflauf mit Früchten

Stärkt Milz und Magen, stärkt Muskeln. Beruhigt Nerven, blutbildend,
harntreibend.

Anzahl Portionen: 4
Kalorien p. Portion 426
Gramm p. Portion 212,75
Kochdauer ca. 30 Min.
Allergene: ACG
(Kohlehydrat:61,18% / Eiweiß & Fett:38,82%)
100g. ≈: Kohlehydrat 22g. BE 1,8 Eiweiß 2,5g. Fette 11,5
Portion: ≈ Kohlehydrat 46,8g. BE 3,9 Eiweiß 5,2g. Fette 24,5
µg. - Ph:17,69 Na:6,29 Ka:19,53 Mg:5,9 Ca:6,52 Fe:0,16 Zn:0,02 Col.:2,63 Hsr.:

Zutaten:
Wasser 300 ml. / 200g. (ja)
Sahne, süß 30% 150 g. / 150g. (wenig)
Vanillezucker natur 1 Paket / 8g. (ja)
Reis Rundkornreis 100 g. / 100g. (ja)
Huhn Ei 1 Stück / 60g. (ja)
Huhn Eiweiß 1 Stück / 20g. (ja)
Butter Bio 50 g. / 50g. (ja)
Zucker (weiß, aus Rüben) 50 g. / 50g. (ja)
Sauerkirsche 200 g / 200g. (wenig)
Brösel (Weizenbrot, Semmel) 1 EL / 5g. (ja)
Zucker (weiß, aus Rüben) 1 EL / 8g. (ja)

Kochanleitung:

In einem Topf das Wasser mit der Sahne zum Kochen bringen. Den Reis und den Vanillezucker einstreuen und bei kleiner Hitze 25 Minuten garen. Öfters umrühren. Abkühlen lassen. Das Eiweiß zu einem steifen Schnee schlagen. In einer Schüssel die auf Zimmertemperatur gebrachte Butter mit dem Zucker cremig rühren, dann das Eigelb untermischen. Den Milchreis untermischen und dann den Eischnee. Die Kirschen in eine Auflaufform geben und die Reismasse einfüllen. Mit Zucker und Brösel bestreuen. Bei 180°C etwa 30 Minuten backen.

3.55 Reis mit gedämpftem Gemüse

Senkt Blutdruck, bakterizid, harntreibend, stärkt Immunsystem, beugt Krebs vor, reduziert Strahlenverletzungen. Gut bei Durchblutungsstörungen, Thrombose, Emboliegefahr, Kopfschmerzen, Herzinfarkt und Schlaganfall.

Anzahl Portionen: 2
Kalorien p. Portion 167
Gramm p. Portion 310,5
Kochdauer ca. 20 min
Allergene: L
(Kohlehydrat:82,32% / Eiweiß & Fett:17,68%)
100g. ≈: Kohlehydrat 9,9g. BE 0,8 Eiweiß 1,4g. Fette 0,7
Portion: ≈ Kohlehydrat 30,7g. BE 2,6 Eiweiß 4,3g. Fette 2,3
µg. - Ph:16,63 Na:5,67 Ka:52,64 Mg:6,29 Ca:11,8 Fe:0,4 Zn:0,07 Col.:0 Hsr.:12,64

Zutaten:

Reis Sorte beliebig 1/2 Tasse / 60g. (ja)
Wasser 3 Tassen / 300g. (ja)
Zitrone Schale 1 Stück / 3g. (ja)
Wasser 1/8 Liter / 0g. (ja)
Karotte (Mohrrübe, Möhre) 2 Stück / 180g. (ja)
Sellerie Stangensellerie 1/2 Stück / 5g. (ja)
Champignon 1/2 Tasse / 50g. (ja)
Kresse 2 EL / 20g. (ja)
Leinöl 1 Schuss / 3g. (ja)

Kochanleitung:

Reis nach Grundrezept kochen, dabei ein Stück Zitronenschale mitkochen. Wasser aufstellen und kleingeschnittene Karotten,

Stangensellerie und Champignons im Gemüseeinsatz dämpfen, bis sie weich sind. Anschließend mit Kresse bestreuen und zuletzt einen Schuss hochwertiges Öl zugeben.

3.56 Reis mit Pastinake

Vitaminreich, Mineralstoffe Kalium und Zink. Bei Durchblutungsstörungen, Thrombose, Emboliegefahr, Bluthochdruck, Kopfschmerzen, Herzinfarkt, Schlaganfall, Hefepilzinfektionen.

Anzahl Portionen: 3
Kalorien p. Portion 206
Gramm p. Portion 261,33
Kochdauer ca. 45 Min.
(Kohlehydrat:78,37% / Eiweiß & Fett:21,63%)
100g. ≈: Kohlehydrat 13,4g. BE 1,1 Eiweiß 2g. Fette 1,7
Portion: ≈ Kohlehydrat 35,1g. BE 2,9 Eiweiß 5,2g. Fette 4,5
µg. - Ph:20,16 Na:2,09 Ka:94,99 Mg:7,61 Ca:10,6 Fe:0,15 Zn:0,07 Col.:0 Hsr.:12,18

Zutaten:
Reis Sorte beliebig 1 Tasse / 120g. (ja)
Wasser 2 Tassen / 200g. (ja)
Salz 1 Prise / 1g. (wenig)
Pastinake 3-4 Stück / 450g. (ja)
Olivenöl 1 EL / 10g. (ja)
Salbei 1 TL / 3g. (ja)

Kochanleitung:
Pastinake schälen und in Scheiben schneiden. Kurz in Öl anbraten. Reis hinzugeben und kurz mitbraten. Mit Wasser übergießen und mindestens 30 Min. lang kochen lassen. Mit etwas frischem gehacktem Salbei bestreuen.

3.57 Reis-Congee mit Hühnerleber und Bocksdornfrüchten

Gut bei Durchblutungsstörungen, Thrombose, Emboliegefahr, Bluthochdruck, Kopfschmerzen, Herzinfarkt und Schlaganfall. Enthält viele Vitamine und Mineralien und hat ein hochwertiges Aminosäurenprofil. Reguliert Blutdruck und Blutzuckerspiegel, stärkt Magen

Anzahl Portionen: 3
Kalorien p. Portion 176
Gramm p. Portion 307,67
Kochdauer ca. 3 Stunden
Allergene: EO

(Kohlehydrat:93,86% / Eiweiß & Fett:6,14%)
100g. ≈: Kohlehydrat 44,6g. BE 3,7 Eiweiß 2,4g. Fette 0,5
Portion: ≈ Kohlehydrat 137,2g. BE 11,4 Eiweiß 7,5g. Fette 1,5
µg. - Ph:13,48 Na:8,14 Ka:12,68 Mg:88,73 Ca:84,13 Fe:0,25 Zn:0,05 Col.:1,44 Hsr.:7,24

Zutaten:

Grundrezept für eine Reissuppe 5 Tassen / 800g. (wenig)
Huhn Leber 1/2 Tasse / 60g. (wenig)
Bocksdornfrüchte (Fructus Lycii) getrocknet 1/2 Tasse / 60g. (wenig)
Sojasauce 1 Schuss / 3g. (wenig)

Kochanleitung:

Grundrezept für Reis-Congee herstellen, Hühnerleber und
Bocksdornfrüchte mitkochen und mit Sojasoße abschmecken.

3.58 Reis-Congee mit Karotten und Fenchel

Stärkt und wärmt Magen, lindert Verstopfung, regt Nerven an, entgiftet,
lindert Entzündungen, verbessert Durchblutung, senkt Blutdruck,
bakterizid, stärkt Immunsystem, beugt Krebs vor, reduziert
Strahlenverletzungen.
Anzahl Portionen: 3
Kalorien p. Portion   132
Gramm p. Portion   284,67
Kochdauer ca.   2 Stunden
Allergene: G
(Kohlehydrat:94,12% / Eiweiß & Fett:5,88%)
100g. ≈: Kohlehydrat 31,2g. BE 2,6 Eiweiß 1,5g. Fette 0,5
Portion: ≈ Kohlehydrat 88,8g. BE 7,4 Eiweiß 4,2g. Fette 1,4
µg. - Ph:9,78 Na:9,7 Ka:55,1 Mg:64,86 Ca:68,94 Fe:0,4 Zn:0,03 Col.:0,09 Hsr.:3,77

Zutaten:

Grundrezept für eine Reissuppe 1/2 Liter / 500g. (wenig)
Karotte (Mohrrübe, Möhre) 2 Stück / 100g. (ja)
Fenchel 1 Stück / 250g. (ja)
Butter Bio 1 TL / 3g. (ja)
Kardamom 1/2 TL / 1g. (wenig)

Kochanleitung:

Reis-Congee nach Grundrezept kochen. Karotten und Fenchel putzen
und klein schneiden. Hinweis: Wenn Karotten und Fenchel von Anfang
an mitgekocht werden, dienen sie der Bekömmlichkeit. Werden sie kurz
vor Ende der Kochzeit zugegeben, bleiben Geschmack und Vitamine
erhalten. Vor dem Servieren mit Butter und Kardamom verfeinern.

3.59 Rettich mit Zucker

Fördert Verdauung, entgiftet, fördert Durchblutung, harntreibend, reduziert Durst, beugt Krebs vor, stärkt Körperzellen, löst Stagnation, lindert Schwächezustände, stärkt Milz, beruhigt Magen, produziert Körpersäfte, stärkt Lunge.

Anzahl Portionen: 2
Kalorien p. Portion 46
Gramm p. Portion 202
Kochdauer ca. 5 Min.
(Kohlehydrat:71% / Eiweiß & Fett:29%)
100g. ≈: Kohlehydrat 2,9g. BE 0,2 Eiweiß 1g. Fette 0,2
Portion: ≈ Kohlehydrat 5,8g. BE 0,5 Eiweiß 2g. Fette 0,4
µg. - Ph:7,18 Na:4,46 Ka:79,71 Mg:3,71 Ca:8,17 Fe:0,2 Zn:0,07 Col.:0 Hsr.:2,48

Zutaten:
Rettich (weiß, grün, lila-rot) 1 Stück / 400g. (ja)
Zucker braun 1 TL / 4g. (ja)

Kochanleitung:
Rettich raspeln und mit Zucker bestreuen.

3.60 Rosmarinkartoffeln

Kartoffel stärkt die Milz, lindert Entzündungen, verbessert die Verdauung, regeneriert die Haut, ist harntreibend, senkt Cholesterinspiegel. Rosmarin fördert Verdauung, stärkt Lunge, Milz und Nieren.

Anzahl Portionen: 2
Kalorien p. Portion 189
Gramm p. Portion 216,5
Kochdauer ca. 30 Min.
Allergene:
(Kohlehydrat:76,49% / Eiweiß & Fett:23,51%)
100g. ≈: Kohlehydrat 14,2g. BE 1,2 Eiweiß 1,9g. Fette 2,4
Portion: ≈ Kohlehydrat 30,8g. BE 2,6 Eiweiß 4,2g. Fette 5,3
µg. - Ph:23,02 Na:1,45 Ka:165,76 Mg:9,44 Ca:3,73 Fe:0,2 Zn:0,07 Col.:0,01 Hsr.:7,27

Zutaten:
Kartoffel 6-8 Stück / 420g. (wenig)
Salz Kräutersalz 1 Prise / 1g. (wenig)
Olivenöl 1 EL / 10g. (ja)
Rosmarin 1 TL / 2g. (ja)

Kochanleitung:

Kartoffeln der Länge nach halbieren, mit etwas Olivenöl bestreichen, salzen, 2-3 Rosmarinnadeln auf jede halbe Kartoffel streuen, auf Backblech setzen und im vorgeheizten Backofen ca. 25 Min. bei 190 Grad backen.

3.61 Sellerie-Kartoffel-Cremesuppe

Senkt Blutdruck, stärkt Immunsystem, fördert Gewichtsabnahme. Gut bei Abwehrschwäche, Appetitlosigkeit, Blähungen, Depressionen, Diabetes, Durchfall, Verdauungsschwäche.

Anzahl Portionen: 4
Kalorien p. Portion 113
Gramm p. Portion 241,5
Kochdauer ca. 45 Min.
Allergene: GL
(Kohlehydrat:83,35% / Eiweiß & Fett:16,65%)
100g. ≈: Kohlehydrat 15,9g. BE 1,3 Eiweiß 0,9g. Fette 2,3
Portion: ≈ Kohlehydrat 38,4g. BE 3,2 Eiweiß 2,2g. Fette 5,5
µg. - Ph:5,96 Na:3,46 Ka:23,98 Mg:22,27 Ca:83,51 Fe:0,18 Zn:0,02 Col.:0 Hsr:1,49

Zutaten:

Olivenöl 1 EL / 10g. (ja)
Zwiebel weiss 1/2 Stück / 25g. (ja)
Grundrezept für eine Gemüsebrühe 700 ml. / 700g. (wenig)
Kartoffel 200 g / 200g. (wenig)
Muskatnuss 1 Prise / 0,5g. (ja)
Kümmel 1 Prise / 0,5g. (ja)
Zitrone Schale 1/4 Stück / 1g. (ja)
Creme fraîche 2 EL / 20g. (ja)
Salz 1 Prise / 1g. (wenig)
Petersilie 1 EL / 8g. (ja)

Kochanleitung:

Das Olivenöl in einem Topf leicht erhitzen und Zwiebelwürfel darin bei milder Hitze ganz weich dünsten. Mit Gemüsebrühe (nach Grundrezept) aufgießen und zugedeckt 15 Min. köcheln lassen. Kartoffelwürfel, kleingeschnittenen Sellerie, Muskat, Kümmel und Zitronenschale zugeben und zugedeckt weitere 12 Min. leicht kochen. Kartoffeln und Sellerie sollen weich sein, aber nicht zerfallen. Zitronenschale entfernen, mit dem Mixstab oder im Mixer die Suppe mit Crème fraîche fein pürieren und mit Salz abschmecken. Suppe portionsweise mit der kleingehackten Petersilie anrichten.

3.62 Spargelcremesuppe

Harntreibend, fördert Durchblutung, produziert Körpersäfte, beugt Krebs vor, führt ab, antiparasitär, regt Leberfunktion an. Gut bei Appetitlosigkeit, Blähungen, Rheuma, Sodbrennen.

Anzahl Portionen: 2
Kalorien p. Portion 240
Gramm p. Portion 409,5
Kochdauer ca. 45 Min.
Allergene: ACG
(Kohlehydrat:21% / Eiweiß & Fett:79%)
100g. ≈: Kohlehydrat 1,7g. BE 0,1 Eiweiß 1,3g. Fette 4,8
Portion: ≈ Kohlehydrat 6,8g. BE 0,6 Eiweiß 5,2g. Fette 19,9
µg. - Ph:9,44 Na:1,5 Ka:15,8 Mg:1,6 Ca:6,23 Fe:0,13 Zn:0,08 Col.:9,84 Hsr.:2,42

Zutaten:
Spargel (grün oder weiß) 200 g / 200g. (ja)
Wasser 1/2 Liter / 500g. (ja)
Rapsöl 3 EL / 30g. (ja)
Weizen Mehl 2 EL / 10g. (ja)
Huhn Eigelb 1 Stück / 25g. (ja)
Kuhmilch (Vollmilch 3,5 % Fett) 1 EL / 15g. (wenig)
Sauerrahm 15% Fett 1 EL / 15g. (wenig)
Pfeffer gemahlen 1 Prise / 0,5g. (ja)
Muskatnuss 1 Prise / 0,5g. (ja)
Zitrone Saft 1 TL / 2g. (ja)
Petersilie 2 EL / 20g. (ja)
Salz 1 Prise / 1g. (wenig)

Kochanleitung:
Den Spargel waschen und schälen. Wasser, etwas Zitronensaft und eine Prise Salz zum Kochen bringen. Die Spargelstangen zusammenbinden. Spargelschalen ins Kochwasser geben und aufkochen lassen. Den Spargel in die kochende Flüssigkeit geben und auf kleiner Hitze ca. 20 Min. garen lassen. Danach die Spargelbündel herausnehmen und den Sud durch ein Sieb gießen. Für die Einbrenne das Öl in einem Topf erhitzen, das Mehl zugeben und farblos anschwitzen. Mit dem Spargelsud langsam auffüllen und 10 Min. köcheln lassen. Die Spargelstangen in ca. 3 cm lange Stücke schneiden und unter die abgebundene Suppe geben. Kurz vor dem Servieren die Suppe nochmals aufkochen lassen. Das Eigelb mit Milch und Sauerrahm verrühren. Den Topf vom Herd nehmen und danach das Eigelb-Milch-Gemisch unterrühren. Mit Pfeffer und Muskat abschmecken, mit der gehackten Petersilie dekorieren und sofort servieren.

3.63 Tofulaibchen

Lindert Blähungen, stärkt Milz und Leber, reduziert Blutdruck, fördert Verdauung, löst Stagnation.

Anzahl Portionen: 2
Kalorien p. Portion 206
Gramm p. Portion 194,1
Kochdauer ca. 20 Min.
Allergene: ACE
(Kohlehydrat:28,98% / Eiweiß & Fett:71,02%)
100g. ≈: Kohlehydrat 4,9g. BE 0,4 Eiweiß 5,3g. Fette 6,8
Portion: ≈ Kohlehydrat 9,6g. BE 0,8 Eiweiß 10,2g. Fette 13,2
µg. - Ph:36,32 Na:15,03 Ka:49,71 Mg:27,33 Ca:36,65 Fe:0,73 Zn:0,09 Col.:0 Hsr.:19,31

Zutaten:
Soja Tofu 160g. / 160g. (wenig)
Karotte (Frühkarotte) 100 g. / 90g. (ja)
Zwiebel weiss 1 Stück / 60g. (ja)
Rapsöl 4 EL / 20g. (ja)
Huhn Eiweiß 2 Stück / 40g. (ja)
Weizen Mehl 2 EL / 16g. (ja)
Salz 1 Prise / 1g. (wenig)
Pfeffer gemahlen 1 Prise / 0,2g. (ja)
Cumin (Kreuzkümmel) 1 Prise / 1g. (ja)

Kochanleitung:
Den Tofu grob mit einer Reibe zerkleinern. Die Zwiebel fein würfelig schneiden und in Öl anschwitzen. Klein würfelig geschnittene oder geriebene Karotte zugeben und kurz mitdünsten. Abkühlen lassen. Eiklar, Mehl und Tofu mischen und würzen. In einer Pfanne mit Öl die Laibchen braten. Dazu passt Salat oder eine Sauce.

3.64 Überbackenes Chicoréegemüse

Liefert Mineralien und Vitamine (A,B,C), befeuchtet Darm.

Anzahl Portionen: 2
Kalorien p. Portion 231
Gramm p. Portion 460,5
Kochdauer ca. 20 Min.
Allergene: AG
(Kohlehydrat:74,2% / Eiweiß & Fett:25,8%)
100g. ≈: Kohlehydrat 8,2g. BE 0,7 Eiweiß 1,3g. Fette 1,5
Portion: ≈ Kohlehydrat 37,6g. BE 3,1 Eiweiß 6g. Fette 7
µg. - Ph:20,06 Na:8,39 Ka:61,13 Mg:9,33 Ca:10,83 Fe:0,3 Zn:0,07 Col.:0 Hsr.:8,96

Zutaten:
Chicorée 4 Stück / 500g. (ja)
Sahne, süß 30% 2 EL / 40g. (wenig)
Brösel (Weizenbrot, Semmel) 2 EL / 20g. (ja)
Reis Basmatireis 1/2 Tasse / 60g. (ja)
Wasser 3 Tassen / 300g. (ja)
Salz 1 Prise / 1g. (wenig)

Kochanleitung:
Den ganzen Chicorée ca. 5 Min. blanchieren, in eine Auflaufform
geben, etwas süße Sahne und Semmelbrösel darauf verteilen und
überbacken. Den Reis in gesalzenem Wasser aufkochen lassen und
auf niedriger Stufe ca. 15 Min. quellen lassen.

3.65 Wärmende Karottensuppe

Stärkt und wärmt, senkt Blutdruck, bakterizid, stärkt Immunsystem,
beugt Krebs vor, reduziert Strahlenverletzungen, stärkt Magen-Darm-
Funktion.

Anzahl Portionen: 3
Kalorien p. Portion   133
Gramm p. Portion   274,67
Kochdauer ca.   30 min
Allergene: HL
(Kohlehydrat:78,77% / Eiweiß & Fett:21,23%)
100g. ≈: Kohlehydrat 13,6g. BE 1,1 Eiweiß 0,8g. Fette 2,9
Portion: ≈ Kohlehydrat 37,2g. BE 3,1 Eiweiß 2,2g. Fette 7,9
µg. - Ph:8,57 Na:6,92 Ka:27,55 Mg:25,11 Ca:97,93 Fe:0,4 Zn:0,03 Col.:0 Hsr.:2,99

Zutaten:
Karotte (Mohrrübe, Möhre) 4 Stück / 250g. (ja)
Walnussöl 2 EL / 20g. (wenig)
Zwiebel Schalotte 2 Stück / 40g. (ja)
Anis (gemeiner Fenchel) 1/2 TL / 1g. (ja)
Muskatnuss 1 Prise / 1g. (ja)
Ingwer frisch 1/2 TL / 1g. (ja)
Salz 1 Prise / 1g. (wenig)
Grundrezept für eine Gemüsebrühe 1/2 Liter / 500g. (wenig)
Petersilie 1 EL / 10g. (ja)

Kochanleitung:
Walnussöl in einem Topf erhitzen und die kleingeschnittenen Zwiebeln

darin anbraten. Karotten gewürfelt zufügen. Anis, Muskat, etwas Ingwer und Salz zugeben. Wasser oder Gemüse- bzw. Fleischbrühe zugeben. Alles weich kochen und dann pürieren. Am Ende Petersilie unterheben. Empfehlung: Die Suppe eignet sich für die kalte Jahreszeit, vor allem, wenn man als Flüssigkeit zum Aufgießen Fleischbrühe verwendet.

3.66 Weizengrießklößchen mit Olivenkräutersoße und Salat

Schont die Verdauungsorgane, entgiftet, löst Stagnation, lindert Müdigkeit. Gut bei Appetitlosigkeit, Blähungen, Darmentzündung, Fettsucht, Gicht, Magengeschwür, Rheuma, Sodbrennen.

Anzahl Portionen: 3
Kalorien p. Portion 245
Gramm p. Portion   291,17
Kochdauer ca.   15 Min.
Allergene: ACGL
(Kohlehydrat:76,69% / Eiweiß & Fett:23,31%)
100g. ≈: Kohlehydrat 19,3g. BE 1,6 Eiweiß 2,6g. Fette 3,3
Portion: ≈ Kohlehydrat 56,3g. BE 4,7 Eiweiß 7,7g. Fette 9,5
µg. - Ph:13,31 Na:7,52 Ka:19,16 Mg:23,89 Ca:91,54 Fe:0,29 Zn:0,04 Col.:3,02 Hsr.:8,16

Zutaten:
Sahne, süß 30% 40 g. / 40g. (wenig)
Wasser 65 ml / 65g. (ja)
Weizen Gries 100 g. / 100g. (ja)
Huhn Ei 1 Stück / 60g. (ja)
Pfeffer gemahlen 1 Prise / 0,5g. (ja)
Zitrone Schale 1 Prise / 1g. (ja)
Zwiebel weiss 1 Stück / 60g. (ja)
Olivenöl 1 TL / 2g. (ja)
Lauchzwiebel Schnittlauch 1 EL / 7g. (ja)
Grundrezept für eine Gemüsebrühe 500 ml / 500g. (wenig)
Kopfsalat 2 Handvoll / 30g. (ja)
Olivenöl 1 TL / 3g. (ja)
Zitrone Saft 1 TL / 3g. (ja)
Oregano frisch 1 TL / 2g. (ja)

Kochanleitung:
Sahne und Wasser mischen und zum Kochen bringen. Den Weizengrieß einrühren und zu einem dicken Brei kochen. Vom Herd nehmen, das Ei verquirlen und unterrühren, mit Pfeffer und etwas geriebener Zitronenschale würzen. Mit 2 Kaffeelöffeln Klößchen abstechen und in der leicht kochenden Gemüsebrühe ziehen lassen, bis sie oben schwimmen. Die Zwiebel klein hacken, im Olivenöl in einer

Pfanne rösten, die Grießklößchen darin schwenken und auf Teller geben. Mit fein geschnittenem Schnittlauch bestreuen. Salat waschen und in feine Streifen schneiden. Mit Olivenöl, Zitronensaft und Oregano würzen.

3.67 Zucchini-Grieß-Cremesuppe

Gut bei Appetitlosigkeit, Schluckstörungen, Blähungen, Darmentzündung, Rheuma, Sodbrennen. Senkt Blutdruck, fördert Gewichtsabnahme.

Anzahl Portionen: 4
Kalorien p. Portion 146
Gramm p. Portion 341,75
Kochdauer ca. 25 Min.
Allergene: AGL
(Kohlehydrat:78% / Eiweiß & Fett:22%)
100g. ≈: Kohlehydrat 12,5g. BE 1 Eiweiß 1,2g. Fette 2,3
Portion: ≈ Kohlehydrat 42,6g. BE 3,6 Eiweiß 4g. Fette 7,8
µg. - Ph:1,7 Na:0,83 Ka:9,09 Mg:4,88 Ca:18,35 Fe:0,08 Zn:0,02 Col.:0,22 Hsr.:0,82

Zutaten:
Butter Bio 20 g. / 20g. (ja)
Weizen Gries 2 EL / 20g. (ja)
Petersilie 1 Bund / 100g. (ja)
Grundrezept für eine Gemüsebrühe 800 ml. / 800g. (wenig)
Liebstöckel 1/2 TL / 2g. (ja)
Muskatnuss 1 Prise / 0,5g. (ja)
Anis (gemeiner Fenchel) 1 Prise / 0,5g. (ja)
Zucchini 400 g. / 400g. (ja)
Ingwer frisch 1/2 TL / 1g. (ja)
Creme fraîche 2 EL / 20g. (ja)
Zitrone Schale 1/4 Stück / 2g. (ja)
Salz 1 Prise / 1g. (wenig)
Pfeffer gemahlen 1 Prise / 0,5g. (ja)

Kochanleitung:
Butter in einem Topf schmelzen, Grieß hinzufügen und unter Rühren kurz anrösten. Die Hälfte der gehackten Petersilie dazugeben, kurz andünsten, mit Gemüsebrühe (nach Grundrezept) aufgießen, mit gehacktem Liebstöckel, Muskat und Anis würzen. Suppe ohne Deckel 10 Min. leicht kochen, kleingeschnittene Zucchini und ein kleines Stück Zitronenschale dazugeben und weitere 5 Min. köcheln lassen, bis die Zucchini weich sind. Zitronenschale entfernen und mit dem Mixstab zusammen mit der Crème fraîche und der restlichen Petersilie fein pürieren.

4   Wirkung der Lebensmittel

4.1   Zutaten verwenden: empfehlenswert

Frischkäse aus Soja
Gewürznelke
Nudeln (Vollkorn) mit Ei
Nudeln (Weizen) mit Ei

Nudeln (Weizen, Bandnudeln) mit Ei
Nudeln (Weizen, Lasagneblätter) mit Ei
Nudeln (Weizen, Spagetti) mit Ei

4.2   Zutaten verwenden: ja

Adzukibohnen
Agar-Agar, Agartang
Agavendicksaft
Ahornsirup
Andornkraut
Angelikawurzel
Anis (gemeiner Fenchel)
Aubergine
Avocado
Baldrian
Bambussprossen
Banchatee
Bärentraubenblätter
Bärlauch (Knoblauchspinat)
Basilikum
Basilikum (frisch)
Bataviasalat
Benediktinerdistel
Berberitzenrindetee
Bitter Lemon
Bitterklee
Bitterorangenschale
Blätterteig
Blattsalate (bitter)
Blumenkohl (Karfiol)
Blütenpollen
Bockshornklee
Borretsch
Borretschöl
Boxhornkleesamen
Bratöl
Brennnessel
Brombeerblätter
Brösel (Weizenbrot, Semmel)
Brot mit Johannisbrotkernmehl
Brötchen (Semmel)
Buchweizen
Buchweizen (geröstet) Kasha
Buchweizen Vollkorn

Bulgur (Getreide)
Butter (halbfett)
Butter Bio
Butterschmalz
Chicorée
Chili (Schote oder gemahlen)
Chlorella (Süßwasser)
Chrysanthemenblütentee
Couscous
Cumin (Kreuzkümmel)
Curry
Currypaste rot
Dashi
Datteln getrocknet
Datteln rot
Dill
Dinkel
Dinkel Flocken
Dinkel Gries
Distelöl
Dornhai (Seeaal, Schillerlocken)
Eibisch (Hibiscus)
Eisbergsalat
Endiviensalat
Enzianwurzel
Erdbeermarmelade
Essig (Apfelessig)
Essig (Rotweinessig)
Essig Aceto Balsamico
Essig Aceto Balsamico weiss
Essiggurke
Estragon
Färberdiestel (Hong Hua)
Färberginsterkraut
Feldsalat
Fenchel
Fenchelsamen gemahlen
Fencheltee
Flaschenkürbis

Flohsamen
Flunder
Frischkäse mit Kräuter
Fruchtzucker (Fruktose, Traubenzucker)
Gänseblümchen
Garam Masala Pulver
Gelee Royal
Gerste
Gerste (Nacktgerste)
Gerste (Perlgerste)
Gerstengras Pulver
Gerstengraupen
Gerstengrütze
Gerstenmalz
Gerstenmehl
Getreidekaffee
Ginsengwurzel
Glühweingewürzmischung
Grapefruit getrocknete Schale
Grapefruit/Pampelmuse/Pomelo
Grapefruitsaft
Grüner Tee
Gurke
Gurke (bitter)
Gurke (Gewürzgurke)
Hafer
Hafer Flocken (Vollkorn)
Hafer Flocken geröstet
Hafer Mehl
Hafer Schmelzlocken (Babynahrung)
Hafer Schrot
Hibiskustee
Himbeerblättertee
Hirse
Hirseflocken
Hokkaidokürbis
Holunderblütentee
Honig
Huhn Ei
Huhn Eigelb
Huhn Eiweiß
Huhn Fleisch
Ingwer frisch
Ingwer Pulver
Ingweröl
Jasminblütentee
Joghurt (natur, 1,5 % Fett)
Joghurt (natur, 3,5 % Fett)
Johannisbrotkernmehl
Kaffeeweißer
Kamille
Kapern (eingelegt)
Kapuzinerkresse

Karotte (Frühkarotte)
Karotte (Mohrrübe, Möhre)
Karottensaft ohne Zucker
Käsepappeltee
Kerbel
Kerbel getrocknet
Klettenwurzeltee
Knäckebrot
Knoblauch
Kokosflocken
Kokosmilch
Kokosnussfleisch
Kokosraspeln
Kopfsalat
Koriander
Koriandergrün
Kräuter bittere
Kräuter der Provence
Kräuter verschiedene
Kräuter Wildkräuter
Kräuterteemischung
Kresse
Kukichatee
Kümmel
Kümmel gemahlen
Kumquat
Kürbis
Kürbiskernöl
Lauch (Porree)
Lauchzwiebel Schnittlauch
Laugengebäck
Lavendelblüten
Leberglättertee
Leinöl
Liebstöckel
Liebstöckelsamen
Lindenblütentee
Lorbeerblatt
Lotossamen
Lotoswurzeln
Löwenzahn (junger)
Löwenzahnsaft
Löwenzahnwurzeltee
Luohan-Frucht
Mais
Mais (geröstet)
Mais (Schnellpolenta)
Mais Gries (Polenta)
Mais Mehl (Maizena)
Maishaartee
Maiskeimöl
Maisstärke
Majoran
Makannastern Samen

Malventee
Malz
Margarine
Margarine (Diät)
Mehrkornbrot (Graubrot)
Melisse
Muskatnuss
Nachtkerzenöl
Nelke
Nori, Purpurtang, Rotalge
Oliven
Oliven grün
Olivenöl
Oregano frisch
Oregano getrocknet
Palmöl
Paprika
Paprika (süß)
Passionsblumenblütentee
Pastinake
Peperoni
Peperoni, gelb, entkernt, halbiert
Peperoni, rot, entkernt, halbiert
Petersilie
Petersilienwurzel
Pfeffer Cayenne
Pfeffer Körner
Pfeffer weiss (gemahlen)
Pfefferminze
Pfefferminztee
Pfeilwurzelmehl
Puddingpulver Vanille
Radicchio
Radieschen
Rapsöl
Reis Basmatireis
Reis Duftreis
Reis Gaoliangreis (Sorghum)
Reis Klebreis
Reis Langkornreis
Reis Reisschleim
Reis Roter
Reis Rundkornreis
Reis Schwarzer
Reis Sorte beliebig
Reis Süßer
Reis Vollkorn
Reis Wilder (Naturreis)
Reismalz
Reismehl
Reisnudeln
Reisstärke
Rettich (weiß, grün, lila-rot)
Rettich Meerrettich (Kren)

Rettich schwarz
Rettichblätter (vom Wochenmarkt)
Roggen
Roggenmehl
Rosenblättertee
Rosenblütentee
Rosmarin
Rote Grütze (ohne Zucker)
Rote Rübe
Sago (Getreide)
Sahne sauer 10%
Salbei
Sauerteig
Schafgarbe
Schafgarbentee
Schwarzkümmel
Schwarzwurzel
Schwedenkraut (Schwedenbitter)
Sellerie Knolle
Sellerie Stangensellerie
Spargel (grün oder weiß)
Spitzwegerichtee
Sternanis
Teemischung Harnsäuresenkend
Thymian
Thymian getrocknet
Tomate
Tomatenpüre
Trauben rot
Trauben weiß
Traubenkernöl
Vanille
Vanillepulver
Vanilleschote
Vanillezucker natur
Wacholderbeere
Wachskürbis
Walderdbeeren
Wasser
Wasser heiss
Wassermelone
Weißbrot (Weizenbrot)
Weißbrot Baguette
Weißbrot Brösel (Weizenbrot)
Weißbrot Knödelbrot (Weizenbrot)
Weißbrot Salzstangerl
Weißbrot Semmel
Weißdorn
Weißwurz
Weizen
Weizen Bulgurweizen
Weizen Fladenbrot
Weizen Flocken
Weizen Gras Pulver

Weizen Gries
Weizen Gries - Kindergries
Weizen Mehl
Weizengrassaft
Weizenkeimöl
Wermutkraut
Wildkräuter
Yamswurzel, Yamswurzelknolle
Yogitee
Ysop
Zimtstange
Zitrone
Zitrone Saft
Zitrone Schale
Zitrone, Limette
Zitronengras
Zitronenmelisse (frisch)
Zitronenmelisse (getrocknet)
Zucchini
Zucker (Staubzucker)

Zucker (weiß, aus Rüben)
Zucker braun
Zucker Fructose Fruchtzucker
Zucker Glukose Traubenzucker
Zucker Kandis weiß
Zucker Melasse
Zucker Milchzucker
Zucker Palmzucker
Zucker Ursüße (Zuckerrohr) süß
Zuckerersatz (Süßstoff)
Zwieback
Zwiebel Frühlingszwiebel
Zwiebel rot
Zwiebel Schalotte
Zwiebel weiss

4.3   Zutaten verwenden: wenig

Aal
Aal geräuchert
Acerola Fruchtnektar oder Pulver
Aloesaft
Amaranth
Amaranth POPS
Ananas
Ananassaft ungezuckert
Apfel (sauer)
Apfel (süß)
Apfelmus
Aprikose
Aprikosen Marmelade
Artischocke
Austernschalenpulver
Backpulver
Barsch
Beeren der Saison
Birne
Bitterlikör
Bocksdornfrüchte (Fructus Lycii) getrocknet
Bohnen (grün, frisch)
Bohnenkraut
Bohnenöl
Brie
Brokkoli
Brombeere
Brombeere getrocknet (unreife)
Brombeermarmelade
Buschbohnen

Butterbohnen weiße
Buttermilch
Calamari
Camembert
Campari
Cashewnüsse
Champignon
Channa-Dal
Chenpi (chinesische Mandarinenschale)
Chinakohl
Clementinen
Cranberries
Creme fraiche
Dinkel Brot
Dinkel Vollkornmehl
Dorsch
Dulse (Lappentang)
Edamer
Eibennuss
Ente (Frühmastente, schlachtfrisch)
Ente (Herz)
Entenei
Erbse, grün
Erbsen
Erdbeere
Erdbeersaftgetränk
Erdnuss (geröstet)
Erdnussbutter
Erdnüsse
Erdnussöl

Fasan
Feige
Fernet Branca (Kräuterbitterlikör)
Feta
Fisch Innereien
Fischreste
Fischsouce
Fischstücke gemischt (Süßwasser)
Forelle
Frischkäse
Gagelpflaume
Galgant
Gans
Gans (Gänseklein)
Gans (Gänseschmalz)
Gänseblut
Gänseei
Garnele
Gelatine weiss
Gemüsesaft
Ginkgofrucht
Ginsenglikör
Gorgonzola
Gouda
Granatapfel
Graskarpfen
Grundrezept für eine Entenbrühe
Grundrezept für eine Fischbrühe
Grundrezept für eine Gemüsebrühe
nahrhaft
Grundrezept für eine Hühnerbrühe
wärmend
Grundrezept für eine Reissuppe
(Congee)
Grundrezept für eine Rinderbrühe
Grundrezept für eine Rinderbrühe
wärmend
Grünkern
Guave
Hafer Milch
Hagebutte
Hagebuttentee
Haifisch
Hammel
Hase
Hase, wild
Hefe
Heidelbeere
Heidelbeere getrocknet
Heidelbeermarmelade
Heilbutt
Hering
Hijiki
Himbeere

Himbeere getrocknet (unreife)
Himbeermarmelade
Hiobsträne (Samen) YiYi Ren
Hirsch Fleisch
Hirsch Knochen
Hirsch Nieren
Holunderbeeren
Honigmelone
Honigwein (Met)
Hopfen
Huhn Blut
Huhn Herz
Huhn Leber
Huhn Magen
Hummer
Hüttenkäse
Jakobstränen
Johannisbeere (rot)
Johannisbeere (schwarz)
Johannisbeere (weiß)
Johannisbeermarmelade (rot)
Johannisbeermarmelade (schwarz)
Kabeljau
Kaffee
Kakao
Kaki-Pflaume
Kaktusfeige
Kalmus
Kaninchen Fleisch
Kaninchen Leber
Karambole/Sternfrucht
Karausche
Kardamom
Karpfen
Kartoffel
Kartoffel (mehlige)
Kartoffelmehl
Kastanien (Maronen)
Kaviar
Kefir
Kichererbsen
Kirsche
Kirsche (sauer)
Kirschenkompott
Kiwi
Klementine
Kohlrabi
Kohlrübe
Kokosfett
Kombualge
Kompott (Früchte der Saison)
Krabbe
Krake
Kuhmilch (1,5 % Fett)

Kuhmilch (Vollmilch 3,5 % Fett)
Kürbiskerne
Kurkuma (Gelbwurz)
Kuzu
Lachs
Lamm Fleisch
Lamm Knochen
Lamm Leber
Lamm Nieren
Lamm Schulter
Languste
Leinsamen
Leinsamen (geschrotet)
Limabohnen
Linsen (Helmbohnen)
Linsen gelb
Linsen rot
Linsen schwarz
Löffelbiskuit
Longane
Loquate/Japanische Mispel
Lychee
Lychee (Konserve)
Lycheelikör
Magermilchpulver
Makrele
Malzbier
Mandarine
Mango
Mangopulver
Mangosaft
Maniokmehl
Marillen
Martini
Maulbeerfrucht
Mayonnaise 50%
Mayonnaise 80%
Meeräsche
Meereskrebs
Miesmuscheln
Mineralwasser
Mirabelle
Miso
Miso schwarz (fermentiert)
Mispel
Mittelmeerfisch (Kabeljau, Scholle,
Schellfisch, Seeaal, Makrele)
Mixed Pickels
Molke
Moosbeere
Morchel (schwarz, getrocknet)
Mozzarella
Mu-Erh-Pilz
Mungbohne

Mungbohnensprossen
Müsli
Nektarine
Nierenbohnen (rote)
Odermennig
Okra
Orange
Orange abgeriebene Schale
Orange getrocknete Schale
Orange Schale
Orangenblüten
Orangenmarmelade
Papaya
Paprika (Rosenpaprikapulver)
Paranuss
Passionsfrucht (Maracuja)
Pferd Fleisch
Pfirsich
Pfirsich (Dose)
Pflaume
Piment
Pinienkerne
Pintobohnen gesprenkelt
Preiselbeere
Preiselbeermarmelade
Preiselbeersaft
Prosecco
Pumpernickel
Pute Brustfleisch
Pute Schinken
Qualle
Quargel 20%
Quinoa
Quitte
Reh Fleisch
Reineclaude
Reishi
Rhabarber
Rind (Kalb)
Rind Filet
Rind Fleisch
Rind Fleischknochen
Rind Herz
Rind Herz (Kalb)
Rind Knochenmark
Rind Leber
Rind Lunge (Kalb)
Rind Magen
Rind Niere
Rind Ochsenschwanzstücke
Rind Suppenfleisch
Roggen Vollkornbrot
Römersalat/Lattich-Salat
Rosenkohl

Rotbarsch
Rotkohl
Rum
Safran
Sahne sauer 20%
Sahne sauer 30%
Sahne, süß 30%
Sake
Salz
Salz Kräutersalz
Sanddorn
Sardellen/Sardine
Saubohnen (Dicke Bohnen)
Sauerampfer
Sauerkirsche
Sauerkraut
Sauermilch
Sauerrahm 15% Fett
Schaffleisch
Schafmilch Joghurt
Schafskäse
Schafsmilch
Schimmelkäse
Schlehdorn
Schnaps
Schnecke
Scholle
Schwarzaugenbohnen
Schwarze Bohnen
Schwarzer Fungu Pilz
Schwarztee
Schwein Blut
Schwein Darm
Schwein Fett
Schwein Fleisch
Schwein Haut
Schwein Haxe (Eisbein)
Schwein Herz
Schwein Hirn
Schwein Leber
Schwein Lunge
Schwein Magen
Schwein Markknochen
(Röhrenknochen)
Schwein Mettwurst
Schwein Nieren
Schwein Schinken
Schwein Schinken gekocht
Schwein Schinken geselcht
Schwein Schinkenspeck
Schwein Schmalz
Seegurke
Senf
Senf Dijon

Senf mittelscharf
Senf süß
Senfsamen
Sesamöl
Sesamöl geröstet
Sherry
Shrimps
Silbermorchel, getrocknet
Soja Cuisine (Soja-Sahne)
Soja Tofu
Soja Tofu geräuchert
Sojabohne
Sojabohnen, Gelbe
Sojabohnen, Schwarze
Sojabohnen, Schwarze, fermentiert
Sojabohnenmilch
Sojacreme
Sojamehl
Soja-Nudeln
Sojaöl
Sojapaste (Miso)
Sojasauce
Sonnenblumenöl
Speiserüben
Stachelbeere
Stangenbohnen (Fisolen)
Stevia (Süßkraut)
Stutenmilch
Süßholzwurzeltee
Süßkartoffel
Süßwasserfisch
Süßwasserkrebs
Tabasco
Taube
Taube Ei
Thunfisch
Tintenfisch
Toastbrot (Vollkorn)
Tomate getrocknet
Tomatenmark
Tomatensaft
Tonicwasser
Topfen (Quark) 20%
Topfen (Quark) 40%
Traubensaft rot
Traubensaft weiß
Trüffel
Tsampa (geröstetes Gerstenmehl)
Umeboshipaste
Umeboshipflaumen (Japanaprikosen)
Vogelmiere
Vogerlsalat (Pflücksalat)
Vollkornbrot
Vollkornbrot mit ganzen Körner

Vollkornmehl
Wachtel
Wachtel Ei
Wakame
Walnussöl
Weiße Bohnen
Weißfischchen
Weißkohl/Weißkraut
Weißwein
Weizen Bier
Weizen Mehl Vollkorn
Weizen/Roggen Grau- Schwarzbrot mit Hefe
Weizenkleie
Wermut
Wildschwein Fleisch
Wirsing/Grünkohl
Ziege
Ziegen- und Schafsblut

Ziegen- und Schafshirn
Ziegen- und Schafsleber
Ziegen- und Schafsmagen
Ziegen- und Schafsmilch
Ziegenkäse
Zimtpulver
Zwetschken

4.4 Kontraindikativ wirkende Lebensmittel nicht verwenden

Ananas (aus der Dose)
Apfelsaft (Naturtrüb)
Aprikose getrocknet
Aprikosennektar
Astronautenkost
Austern
Austernpilze
Banane
Banane Kochbanane
Beerensaft
Bier (alkoholarm)
Bier (alkoholfrei)
Bier (Altbier)
Bier (Pils)
Birnensaft
Colagetränk
Colagetränk (kalorienarm)
Emmentaler
Feige getrocknet
Forelle (geräuchert)
Früchtetee
Haselnüsse
Heidelbeersaft
Johannisbeernektar (schwarz)
Kirschsaft
Korinthen (rot)

Korinthen (schwarz)
Mandelmilch
Mandelmus
Mandeln
Mandeln Marzipan
Mangold
Marillensaft
Mohn
Obstmischung Fruchtsaft
Orangensaft
Parmesan
Pfifferlinge/Eierschwammerl
Pflaume getrocknet
Pistazien
Rosinen
Rotwein
Schmelzkäse 12%
Schmelzkäse 30%
Schokolade
Schokolade (Diabetiker)
Schwein Bratwurst
Sesam Paste (Tahini)
Sesam, Schwarzer
Sesam, Weißer
Shiitake, getrocknet

Sonnenblumenkerne

Spinat

Steinpilz/Herrenpilz

Walnüsse

Walnüsse geröstet

5 Komplementär

5.1 Heilbad

5.1.1 Bad zur Entschlackung

Ein Bad zur Entschlackung (Basenbad), regt die natürliche Regeneration der Haut an und unterstützt so auch die Ausscheidung von Säuren und Stoffwechselabfällen. Je länger Sie baden, desto wirkungsvoller ist das Bad.
Entschlackungsbadezusatz in der Apotheke oder dem Drogeriemarkt erhältlich.

5.2 Heil-Tee (Aufguss)

5.2.1 Birkenblätter

Dieser Tee ist harntreibend und hilft bei Nierenleiden, Wassersucht, Gicht und reinigt das Blut, hilft zudem bei bakteriellen und entzündlichen Harnwegserkrankungen, Nierengrieß und rheumatischen Beschwerden.
2 EL zerkleinerte Birkenblätter mit 250 ml kochendem Wasser übergießen, 10 Minuten ziehen lassen. Danach absieben.
Trinken Sie davon eine Tasse pro Tag.

5.3 Komplementäre Anwendung

5.3.1 Ayur Veda

Ayurveda ist eine Kombination aus empirischer Naturlehre und Philosophie, welche die Ausgewogenheit des Körpers anstrebt.
Ayurveda hat einen ganzheitlichen Anspruch, da der ganze Mensch mit einbezogen wird. Es werden pflanzliche Heilmittel verabreicht, welche eingenommen oder aufgetragen werden. Dadurch werden Organe gestärkt oder eine Entgiftung/Entschlackung angeregt.
Speziell bei Krebs wird das Ungleichgewicht verschiedener Elemente beschrieben und behandelt. Die Methoden der Schulmedizin mit Chirurgie, Strahlentherapien und andere Behandlungsmethoden ähneln denen der Ayurveda in vielen Punkten.

5.3.2 Selbsthilfegruppen

Die meisten Mitglieder von Selbsthilfegruppen haben die Erfahrung gemacht, die Belastungen der Erkrankung besser zu bewältigen. Die meisten Mitglieder von Selbsthilfegruppen haben die Erfahrung gemacht, die Belastungen der Erkrankung besser zu bewältigen. Durch den Erfahrungsaustausch werden die für den jeweiligen Krankheitsverlauf besten Möglichkeiten der Mithilfe bei der Therapie erkannt. Durch die Eingliederung in eine Gemeinschaft wird auch der Zustand der Einsamkeit in seiner Situation bewältigt. Speziell bei der Lösungsfindung zu einzelnen Situationen können selbst Betroffene viel glaubwürdiger ihr Fachwissen vermitteln als Personen, welche die Methoden lediglich theoretisch gelernt haben. Die Mitglieder können außerdem meistens besser mit Ärzten und Therapeuten sprechen, weil die Themen bereits in den Gruppen besprochen wurden. Außerdem gelingt den Selbsthilfegruppen oft kritische und innovative Impulse auszudrücken, welche zur Veränderung und zum Umdenken im professionellen Bereich beitragen. In Selbsthilfegruppen wird Fachwissen zusammengetragen und durch Erfahrungen der einzelne Betroffenen ergänzt. So entsteht ein ganzheitliches Wissen, das die Mitglieder befähigt, Entscheidungen fundiert zu treffen und in unüberschaubaren System der Therapieangebote professionelle Dienste sinnvoll zu nutzen. Patienten, die in der Selbsthilfe engagiert sind, haben oft kürzere Klinikaufenthalte, weniger Therapiestunden und einen geringeren Medikamentenverbrauch.

5.3.3 Tuina Massage

Unterstützt den Stressabbau, ist Blockaden lösend und Immunsystem stärkend.
Anwendung nach Vereinbarung mit dem Therapeuten.
Nicht bei Tumoren, akute Verletzungen oder Ulzerationen der Haut.

5.3.4 Vitamin D Präparate

Vitamin D ist eine Vorstufe eines lebensnotwendigen Hormons und unterstützt die Regulierung des Calcium-Spiegels im Blut (gegen Osteoporose), es beeinflusst aber auch die Funktion der Muskeln.
Dosierung nach Rücksprache mit einem Ernährungsberater und nach Herstellerangaben.
Für eine ausreichende Versorgung mit Vitamin D ist eine angemessene Sonnen- oder UV-B-Bestrahlung notwendig.
Überdosierung schadet der Gesundheit.

5.4 Speisezugabe

5.4.1 Kresse (Brunnenkresse)

Harntreibend, unterstützt das Wasserlassen.

5.5 Verschiedene Möglichkeiten

5.5.1 Alang-Alang-Graswurzelstock – Bai Mao Gen

Reduziert Blutungen, kühlt bei Fieber, unterstützt das Wasserlassen,
lindert Hautausschläge
15-30 g
In der Traditionellen Chinesischen Medizin (TCM) wird der Alang-Alang-
Graswurzelstock als ein das Xue (Blut) regulierendes, blutstillendes und
kühlendes Arzneimittel verwendet.

6 Grundlagen der Ernährung

Die hier beschriebenen Grundlagen der Ernährung zeigen allgemeine Empfehlungen und beziehen sich nicht auf eine spezielle Therapieform. Die Empfehlungen der Therapie haben Vorrang.

6.1 Ernährung

Die regelmäßige Einnahme von Mahlzeiten in entspannter Atmosphäre. Ein wärmendes Frühstück gilt als guter Start in den Tag. Mittags sollte die Hauptmahlzeit stattfinden - das Abendessen am frühen Abend.

Die Beachtung von Hunger- und Sättigungsgefühlen: Nicht überessen und nicht hungern, so lautet die Regel.

Die frische Zubereitung der Speisen aus naturbelassenen, regionalen Produkten. Tiefgekühlte, hitzekonservierte, industriell vorgefertigte oder mikrowellengegarte Lebensmittel werden gemieden.

Die Auswahl von Lebensmittel nach der Jahreszeit: Im Sommer mehr kühlende Nahrung, im Winter mehr wärmende Nahrung.

Mindestens zweimal am Tag Gekochtes essen. Speisen und Getränke sollen möglichst handwarm, niemals eiskalt oder heiß sein.

Rohkost, kurz gegartes Gemüse, frisch gepresste Säfte und Mineralwasser werden üblicherweise nicht empfohlen. Milch und Milchprodukte stehen nur dann auf dem Speiseplan, wenn sie problemlos vertragen werden.

Therapeutische Rezepte nicht über einen längeren Zeitraum ohne Rücksprache mit dem Arzt oder Therapeuten einnehmen.

1. Vielseitig essen
Lebensmittelvielfalt genießen. Merkmale einer ausgewogenen Ernährung sind abwechslungsreiche Auswahl, geeignete Kombination und angemessene Menge nährstoffreicher und energiearmer Lebensmittel. (Einerseits Schutz vor Unterversorgung mit essentiellen Nährstoffen und andererseits Schutz vor einer überhöhten Zufuhr unerwünschter Inhaltsstoffe.)

2. Reichlich Getreideprodukte - und Kartoffeln
Brot, Nudeln, Reis, Getreideflocken (am besten aus Vollkorn), sowie

Kartoffeln enthalten kaum Fett, aber reichlich Vitamine, Mineralstoffe, Spurenelemente sowie Ballaststoffe und sekundäre Pflanzenstoffe. Diese Lebensmittel sollten mit möglichst fettarmen Zutaten verzehrt werden.

3. Gemüse und Obst - Nimm "5" am Tag ...

5 Portionen Gemüse und Obst am Tag, möglichst frisch, nur kurz gegart, oder auch eine Portion als Saft – idealerweise zu jeder Hauptmahlzeit und auch als Zwischenmahlzeit: Damit werden reichlich Vitamine, Mineralstoffe sowie Ballaststoffe und sekundären Pflanzenstoffe (z.B. Carotinoiden, Flavonoiden) zugeführt. Das Beste, was man für die eigene Gesundheit tun kann.

4. Täglich Milch und Milchprodukte, ein- bis zweimal in der Woche

Fisch; Fleisch, Wurstwaren sowie Eier in Maßen. Diese Lebensmittel enthalten wertvolle Nährstoffe, wie z.B. Calcium in Milch, Jod, Selen und Omega-3-Fettsäuren in Seefisch. Fleisch ist wegen des hohen Beitrags an verfügbarem Eisen und an den Vitaminen B1, B6 und B12 vorteilhaft. Mengen von 300 - 600 g Fleisch und Wurst pro Woche reichen hierfür aus. Fettarme Produkte bevorzugen, vor allem bei Fleischerzeugnissen und Milchprodukten.

5. Wenig Fett und fettreiche Lebensmittel

Fett liefert lebensnotwendige (essenzielle) Fettsäuren und fetthaltige Lebensmittel enthalten auch fettlösliche Vitamine. Fett ist besonders energiereich, daher kann zu viel Nahrungsfett Übergewicht fördern, möglicherweise auch Krebs. Zu viele gesättigte Fettsäuren fördern langfristig die Entstehung von Herz-Kreislauf-Krankheiten. Pflanzliche Öle und Fette bevorzugen (z.B. Raps-, Oliven- und Sojaöl und daraus hergestellte Streichfette). Auf unsichtbares Fett achten, das in Fleischerzeugnissen, Milchprodukten, Gebäck und Süßwaren sowie in Fast-Food- und Fertigprodukten meist enthalten ist. Insgesamt 70 - 90 Gramm Fett pro Tag reichen aus.

6. Zucker und Salz in Maßen

Nur gelegentlich Zucker und Lebensmittel, bzw. Getränke verzehren, die mit verschiedenen Zuckerarten (z.B. Glucose Sirup) hergestellt wurden. Kreativ mit Kräutern und Gewürzen und wenig Salz würzen. Jodiertes Speisesalz bevorzugen.

7. Reichlich Flüssigkeit

Wasser ist absolut lebensnotwendig. Jeden Tag rund 1-2 Liter Flüssigkeit trinken. Wasser (ohne oder mit Kohlensäure) und andere kalorienarme Getränke bevorzugen. Alkoholische Getränke sollten nicht konsumiert werden.

8. Schmackhaft und schonend zubereiten
Die jeweiligen Speisen bei möglichst niedrigen Temperaturen garen, soweit es geht kurz, mit wenig Wasser und wenig Fett - das erhält den natürlichen Geschmack, schont die Nährstoffe und verhindert die Bildung schädlicher Verbindungen.

9. Sich Zeit nehmen und das Essen genießen
Bewusstes Essen hilft, richtig zu essen. Auch das Auge isst mit. Sich beim Essen Zeit lassen. Das macht Spaß, regt an, vielseitig zuzugreifen und fördert das Sättigungsempfinden.

10. Auf das Gewicht achten und in Bewegung
Ausgewogene Ernährung, viel körperliche Bewegung und Sport (30 bis 60 Minuten pro Tag) gehören zusammen. Mit dem richtigen Körpergewicht fühlt man sich wohl und fördert die Gesundheit.
Thermik, Wirkrichtung, Verdauungskraft
Es gibt unterschiedliche Kriterien, die Wirksamkeit von Kräutern und Lebensmittel zu beurteilen. Der Einsatz der Kräuter und Zutaten basiert auf Beobachtung, was die Lebensmittel, Kräuter und Gewürze nach ihrem Verzehr im Körper bewirken. In der Medizin hat sich daraus folgendes System entwickelt: Jede Zutat oder Kraut hat eine Wirkrichtung. Außerdem gibt es noch Kräuter, die eine besondere Wirkung auf bestimmte Organe haben.

Voraussetzung für einen gesunden Stoffwechsel ist es, darauf zu achten, dass wir ausreichend Energie aus der Nahrung gewinnen und der Verdauungsprozess so wenig Energie wie möglich verbraucht. Eine bekömmliche Mahlzeit macht zufrieden und satt, verursacht keine Blähungen und keine Müdigkeit nach dem Essen. Richtiges Würzen erhöht die Bekömmlichkeit unserer Speisen. Es genügen oft schon geringe Mengen an Kräutern und Gewürzen. Sie dienen nicht dazu, uns satt zu machen, sondern helfen unseren Verdauungsorganen, die Nahrung zu verdauen.

6.2 Rezepte

Die Rezepte zeigen Ihnen welche Zutaten verwendet werden sowie mit der Kochanleitung wie diese zubereitet werden. Bei den Zutaten wird neben den Mengenangaben auch die Wichtigkeit für die Therapie angezeigt. Wenn dabei angezeigt wird "weniger als angegeben" versuchen Sie diese Empfehlung einzuhalten oder eine Alternative aus der Liste der "Empfohlenen Lebensmittel" zu finden. Meistens ist es nur eine leichte geschmackliche Änderung wenn Sie diese Zutat gänzlich weglassen.

Schonende Kochmethoden: Kochen, dämpfen, pochieren, dünsten
Scharfe Kochmethoden: Grillen, rösten, anbraten, räuchern
Ausgeglichene Kochmethoden: Frittieren, Römertopf

Auf das Einfrieren und erwärmen in der Mikrowelle sollte verzichtet werden (Denaturierung).

6.3 Lebensmittel

Lebensmittel wirken wie Heilkräuter auf Körper und Geist, nur wesentlich sanfter. Die Ernährungsberatung stützt sich hauptsächlich auf heimische Lebensmittel. Das Wissen über die Wirkungsweisen jedes einzelnen Lebensmittels und das Wissen wann welche Lebensmittel zur Anwendung kommen, entstammt der Schulmedizin. Verwende Sie möglichst Erzeugnisse aus ökologischen-biologischem Landbau.

Da wegen der besseren Verdaulichkeit grundsätzlich alles lange gekocht und kaum roh gegessen wird, ist die Verträglichkeit hervorragend.

Die Einteilung der Lebensmittel entsprechend ihrer Wirkung auf den Körper und bildet die Basis, um einen ausgewogenen und harmonischen Gesundheitszustand im Körper zu erreichen.

Grundsätzlich empfiehlt die Ernährungsberatung keine bestimmten Lebensmittel für Jedermann. Ausschlaggebend für den individuellen Speiseplan ist vor allem die persönliche Konstitution.

Kaufen Sie nur frisches und reifes Obst und Gemüse ein. Braune Stellen, welke Blätter aber auch unreifes Obst und Gemüse sollten Sie im Supermarkt zurücklassen. Greifen Sie dann zu Tiefkühlware (keine Fertiggerichte!). Tiefkühlobst und -gemüse werden kurz nach dem Ernten schockgefroren und enthalten deshalb oftmals mehr Vitamine und Mineralstoffe, als die Ware aus der Obst- und Gemüsetheke! Konserven- und Dosenware dagegen enthält wesentlich weniger Biostoffe. Zudem werden Letztere meist mit Salz, Zucker usw. angereichert. Lassen Sie die Zutaten nach dem Waschen nie im Wasser liegen, denn so gehen viele Vitalstoffe ins Wasser über! Putzen Sie Salate, Früchte und Gemüse erst unmittelbar vor Verzehr.

Beachten Sie bitte die hygienische Verarbeitung der Lebensmittel. Waschen Sie Ihre Salate, Früchte und Gemüse gründlich. Bei Gerichten mit Fleisch bereiten Sie zuerst die Zutaten vor und verarbeiten dann die Fleischprodukte. Reinigen Sie danach die Arbeitsflächen und Werkzeuge besonders gründlich. Holzunterlagen sollten regelmäßig mit leichtem Desinfektionsmittel behandelt werden um die Keimbildung einzuschränken.

Bewahren Sie Obst und Gemüse möglichst getrennt voneinander auf. Auch geerntete Früchte und Gemüse leben und strömen z.B. Ethylengas aus, das andere Sorten schneller reifen und altern lässt. Fleisch und Fisch in der verschlossenen Verpackung lassen oder in luftdichten Boxen im Kühlschrank aufbewahren.

6.4 Kräuter

Bei der Aufbewahrung und Lagerung von Heilkräutern, müssen gewisse Grundregeln beachtet werden. Grundsätzlich müssen Heilkräuter geschützt vor direkter Sonneneinstrahlung, vor Feuchtigkeit und vor heißen Temperaturen gelagert werden.

Als Gefäße für die Lagerung von Heilkräutern können Gläser, Keramik-Behälter und zur Not auch Plastik-Dosen eingesetzt werden. Plastik ist aber ein sehr unreines Material und sollte daher wirklich nur eine kurzfristige Notlösung sein. Bei Glasbehältern ist darauf zu achten, dass dunkles Glas verwendet wird.

Heilkräuter können nicht beliebig lange aufbewahrt werden. Die Haltbarkeit von Heilkräutern ist auf jeden Fall begrenzt. Durch die Haltbarkeitsdauer kann durch sachgerechte Lagerung wesentlich erhöht werden. So soll der Lagerplatz dunkel, eher kühl und absolut trocken sein. Ein Medizinschrank aus Holz, der nicht direkt bei einer Wärmequelle platziert ist wäre ideal. Um Ihre Heilkräuter nicht wegwerfen zu müssen, kaufen Sie nicht zu große Mengen an Heilpflanzen. Beschriften Sie die Behälter mit dem Namen des Heilkrauts und dem Datum der Ernte bzw. der Verarbeitung.

7 Weitere Ernährungsvorschläge

Folgende Syndrome der Diätetik, der TCM oder als Therapieergänzung bei Krebs sind verfügbar.

DIÄTETIK

1. Ernährung des Säuglings - Beikost
2. Ernährung in der Stillzeit
3. Ernährung im Alter
4. Ernährung von Kindern und Jugendlichen
5. Ernährung von Sportlern
6. Leichte Vollkost
7. Schwangerschaft
8. Vollkost

Eiweiß und Elektrolyt – Nieren

9. (Hämo-)Dialysebehandlung
10. Akutes Nierenversagen
11. Chronische Niereninsuffizienz
12. Nephrotisches Syndrom
13. Nierensteine (Nephrolithiasis)

Gastrointestinaltrakt - Bauchspeicheldrüse

14. Akute Pankreatitis (Entzündung der Bauchspeicheldrüse)
15. Chronische Pankreatitis (Entzündung der Bauchspeicheldrüse)

Gastrointestinaltrakt - Dünndarm und Dickdarm

16. Akute Obstipation (Verstopfung)
17. Chronische Obstipation (Verstopfung)
18. Colon irritabile
19. Divertikulitis
20. Erworbene Laktoseintoleranz (Laktosemalabsorption)
21. Fruktosemalabsorption
22. Glutensensitive Enteropathie (Zöliakie)
23. Kolektomie
24. Kurzdarmsyndrom

Gastrointestinaltrakt - Leber, Gallenblase, Gallenwege

25. Akute und chronische Hepatitis (Entzündung der Leber)
26. Cholelithiasis (Gallensteine)
27. Fettleber
28. Leberzirrhose

Gastrointestinaltrakt - Magen und Zwölffingerdarm

29. Akute Gastritis
30. Chronische Gastritis
31. Magenblutung
32. Ulcus ventriculi und Ulcus duodeni
33. Zustand nach Magenoperation

Gastrointestinaltrakt - Mundhöhle und Speiseröhre

34. Mundschleimhautentzündung
35. Ösophaguskarzinom (Speiseröhrenkrebs)
36. Reflüxösophagitis (Sodbrennen)

spezielle Krankheiten

37. Phenylketonurie (PKU)
38. Rheumatische Gelenkserkrankungen

Stoffwechsel
39. Adipositas (Übergewicht)
40. Diabetes mellitus
41. Essstörungen (Untergewicht)
Fettstoffwechsel
42. Hypercholesterinämie (erhöhter Cholesterinspiegel)
43. Hepatische Enzephalopathie
Herz- und Kreislauf
44. Arteriosklerose (Arterienverkalkung)
45. Herzinsuffizienz
46. Hypertonie (Bluthochdruck)
47. Hyperurikämie und Gicht
veränderter Nährstoffbedarf
48. bei Fieber
49. bei malignen Erkrankungen
50. nach Verbrennungen
51. Strahlen- und Chemotherapie

KREBS
100. Bauchspeicheldrüse
101. Blasenkrebs
102. Blutkrebs (Leukämie)
103. Brustkrebs
104. Darmkrebs
105. Magenkrebs
106. Nierenkrebs
107. Speiseröhrenkrebs

TCM
200. Blase - Feuchte Hitze in der Blase
201. Blase - Feuchtigkeit und Kälte in der Blase
202. Blase - Leere und Kälte in der Blase
203. Dickdarm - äussere Kälte befällt den Dickdarm
204. Dickdarm - Feuchte Hitze im Dickdarm
205. Dickdarm - Hitze blockiert den Dickdarm II akut
206. Dickdarm - Trockenheit des Dickdarms
207. Dickdarm - Yang Mangel (Kälte)
208. Herz - Blut Mangel
209. Herz - Blut Stagnation
210. Herz - Feuer
211. Herz - Heisser Schleim verstopft die Herzporen
212. Herz - Kalter Schleim verstopft die Herzporen
213. Herz - Qi Mangel
214. Herz - Yang Mangel
215. Herz - Yin Mangel
216. Leber - aufsteigender Leber-Yang
217. Leber - Blut-Mangel
218. Leber - Blut-Stagnation
219. Leber - feuchte Hitze in Leber und Gallenblase
220. Leber - Feuer
221. Leber - Gallenblase Qi-Leere
222. Leber - Kälte im Lebermeridian
223. Leber - Qi-Stagnation

224. Leber - Wind
225. Leber - Wind mit aufsteigendem Leber Yang
226. Leber - Wind mit Blutleere
227. Leber - Wind mit extremer Hitze
228. Lunge - Qi Mangel
229. Lunge - Schleim-Feuchtigkeit in der Lunge
230. Lunge - Schleim-Hitze in der Lunge
231. Lunge - Schleim-Kälte in der Lunge
232. Lunge - Trockenheit der Lunge
233. Lunge - Wind-Hitze befällt die Lunge
234. Lunge - Wind-Kälte befällt die Lunge
235. Lunge - Yin Mangel
236. Magen - Blutstagnation
237. Magen - Feuer
238. Magen - Magenkälte mit Flüssigkeit
239. Magen - Nahrungsstagnation
240. Magen - Qi Mangel
241. Magen - rebellierendes Magen Qi
242. Magen - Yin Leere
243. Milz - Hitze und Feuchtigkeit befällt die Milz
244. Milz - Kälte und Feuchtigkeit befällt die Milz
245. Milz - Qi Mangel
246. Milz - Qi Mangel + Absinkendes MilzQi
247. Milz - Qi Mangel + Milz kontrolliert das Blut nicht
248. Milz - Yang Mangel
249. Niere - Herz und Niere kommunizieren nicht mehr
250. Niere - Jing Mangel
251. Niere - Nieren können das Qi nicht empfangen
252. Niere - Qi ist nicht fest
253. Niere - Yang Mangel
254. Niere - Yin Mangel